진보의 대안

진보의 대안

자본의 민주화와 역량증진 정치

로베르토 웅거 지음 | 이병천 · 정준호 옮김

앨피

차 례

일러두기

■ 웅거는 주석 없이 글을 쓰는 것으로 유명하다. 본문의 각주는 모두 옮긴이주이다.

■ 간혹 출처 등 저자가 붙인 주석은 (원주) 형태로 표기했다.

■ 옮긴이가 독자의 이해를 돕기 위해 본문 속에 넣은 주석은 〔〕 형태로 표기했다.

이 번역은 2017년 대한민국 교육부와 한국연구재단의 지원을 받아 수행된 연구임 (NRF-2017S1A3A2067220)

진보 쇄신의 최전선에서

1. 왜 웅거인가?
다른 시간을 위한 전환의 사유

한 시대를 지배하던 시장근본주의 광풍의 기세가 한풀 꺾이고 새로운 전환의 시대가 찾아왔다. 하지만 여전히 구체제가 물려준 상처가 깊다. 위기 극복 정책 자체가 새로운 위기를 조장하기도 했다. 빚으로 쌓아 올린 거대한 거품이 붕괴한 후에도 금융자본 및 대기업 권력의 지배, 가진 자들의 독식잔치는 끝나지 않았다. 저성장, 20/80의 균열로 나타난 자산 및 소득의 불평등과 불공정, 앞날을 알 수 없는 대중들의 삶의 불안이 악순환되는 상황이 지속되고 있다.

2008년 금융위기를 분기점으로 규제 완화, 자유화, 유연화, 사유화, 작은 정부 등의 깃발을 높이 올렸던 신자유주의가 결정적 타격을 입었다는 말이 있었다. 2008년 위기를 1930년대 대공황에 견주는 사람들도 있었다. 그러나 어찌된 영문일까. 신자유주의는 죽지 않고 있다(크라우치 2012[2011]). 2008년 위기 극복의 대응 양식에서 '이중운동'(폴라니 1944]의 양상은 이전과는 몹시 다르다. 대공황 때처럼 뉴딜(미국)이 나 사회민주주의(스웨덴), 사회주의(소련) 같은 대안은 출현하지 않았 다. 오히려 고삐 풀린 시장과 손잡았던 중도 성향 진보가 위기에 처하 고 극우 성향 포퓰리즘 대안이 득세하고 있다. 패권국 미국이 보호무 역주의와 반ㅉ세계화 선봉에 섬으로써 글로벌경제의 거버넌스는 길을 잃었다. 그렇다고 기왕의 초ㅉ세계화 체제로 돌아갈 수도 없다.

시대는 변했고 새로운 변곡점에 들어섰지만 진보는 뒷걸음질이다. 낡은 것은 무너졌으나 아직 새로운 것은 안갯속이다. 트럼프에 패배한 미국 민주당식 '진보적 자유주의'(뉴딜의 자유화 노선)가 대안이 될까. 심각한 자산 불평등, 계급적 특권과 능력주의가 결탁한 신세습적 특권 체제를 그대로 둔 채 유럽식 사후적 재분배와 미국식 유연성을 혼합하 는 이른바 '제3의 길'(사회민주주의의 자유화 노선)이 대안이 될까.

"대안이 없다"는 독재에 속절없이 끌려가도 좋은가. 중도 성향 진보 의 위기와 좌초 속에서 우익 포퓰리즘이 득세하고 있다면, 또 쇄신된 민주적 대안만이 '거대한 전환'의 위기를 극복할 수 있다는 칼 폴라니 의 깊은 성찰을 우리가 경청한다면, 오늘의 전환시대 진보 대안의 길 은 어떤 형태든 경제자본 및 교육자본의 불평등, 계급적 특권과 능력 주의의 교묘한 결탁체제를 발본적으로 뜯어 고치는 자산소유 민주주 의 또는 '자본의 민주화', 이와 함께 가는 혁신친화적 협력의 생산체제 그리고 대중의 민주적·주체적 역량의 강화에서 비로소 열릴 것이다. 희망을 갖고 '다른 시간'으로 가자는 로베르토 웅거의 담대한 전환을 위한 사유와 기획에 주목해야 할 이유가 여기에 있다.

2. 웅거의 진보사상과 《정치》
인공물로서의 사회와 현대, 자본의 민주화 기획

로베르토 웅거는 대안이 없다는 사상적 독재의 시대에 담대하게 독창적인 진보 사유의 길을 보여 주는 천재적 사상가다. 웅거의 지적 세계는 깊고도 넓다. 브라질 태생(1947)의 웅거는 29세의 나이에 하버드 대학(로스쿨)의 종신교수가 되었다. 그 즈음에 《지식과 정치Knowledge and Politics》(1975), 《근대사회에서의 법Law in Modern Society》(1976)을 출간하면서 미국 자본주의 및 지배적인 자유주의 법체계, 그 중립성의 환상을 전면적으로 비판하는 '비판법학운동'의 중심에 섰다. 80년대에 들어와 《비판법학운동The Critical Legal Studies Movement》(1983), 《법의 분석은 무엇이 되어야 하나What Should Legal Analysis Become?》(1986) 그리고 《정념Passion》(1984)을 저술했다. 그렇게 기반을 다진 후에 40세(1987)가 되던 해에 웅거는 자신의 철학적 통찰과 정치적 비전을 정초한 《정치-구성적 사회이론의 작업》의 3부작(1권 《사회이론Social Theory》, 2권 《허위의 필연성False Necessity》, 3권 《조형력을 권력 속으로Plasticity Into Power》)을 출간했다. 이 '정치' 3부작의 핵심 부분은 10년 후 중국 칭화대 교수이자 웅거의 제자인 추이즈위안崔之元에 의해 《정치-핵심 텍스트Politics: The Central Texts》 한 권으로 편집 출간되었는데(1997), 그 이래 웅거는 다시 자신의 지적 프로그램을 더욱 구체화하고 확장하는 작업을 연이어 내놓았다.

약 30년 전에 웅거가 《정치》에서 제시했던 대안들은 다소 추상적인 감이 없지 않다. 이를 현실적 구체화 측면에서 진전시킨 대표 저작으로는《민주주의를 넘어Democracy Realized》(1998, 원제 '민주주의의 실현'),《미국 진보주의의 미래The Future of American Progressivism》(C. 웨스트와 공저, 1998) 그리고 본서《좌파의 대안The Left Alternative》[1](2005)을 들 수 있다. 웅거는 자신의 방대한 저작들을 다음과 같이 분류했다. 마르크스주의를 대체하는 급진적 대안을 구축하는 작업으로 '정치' 3부작을, 법사상을 제도적 상상의 도구로 개조하는 작업으로는《비판법학운동》과《법의 분석은 무엇이 되어야 하나》를, 경제 및 국가 조직의 제도적 대안을 제시하는 작업으로는《민주주의를 넘어》와《진보의 대안》을, 인류의 신성화를 추구하면서 인간과 자연에 대한 좌파의 사고를 발전시키는 철학적 작업으로는《정념》과《주체의 각성》(2007)을 들었다. 최근에는《미래의 종교》(2014),《단일우주와 시간의 실재성》(C. 스몰린과 공저, 2015),《지식경제론》(2019)을 출간했다.

웅거의 진보 사상은 크게 볼 때, 다음과 같은 세 개의 기둥 위에 서 있다고 할 수 있다.

첫 번째 기둥은 급진 좌파 전통과 자유주의 전통의 통합이다. 급진 좌파 전통에서는 프루동, 라살레, 마르크스(및 그람시)의 유산이 가장 중시된다. 이들은 서로 다투지만 웅거에게는 상호 보완재다. 웅거는 프루동, 라살레의 프티부르주아 급진주의 전통을 계승해 비판적으로 재구성한다. 그는 프루동을 이어 자연권으로서의 절대적·배타적 소

---

1 한국어판 제목은 '진보의 대안'으로 바꾸었다.

유권 개념을 비판하고 소유권을 권리묶음bundle of rights으로 파악했다. 분할된 소유권론은 소유권을 일체화된 한 덩어리로 파악하는 통합적unified 소유권론, 이에 기반해 자본주의와 사회주의의 이분법을 구성한 지배적 이론을 깨트린다.[2] 프루동, 라살레의 프티부르주아 사회주의 전통이 중요한 것은, 자본 분배의 분권적 민주화 또는 급진적 자산소유 민주주의라는 획기적 발상을 제공한다는 데 있다. 하지만 웅거는 소상품 생산의 불안정성과 협애성, 비효율성에 대한 마르크스의 비판을 수용한다.[3] 이에 따라 종래의 프티부르주아 급진주의 전통과 달리 웅거의 대안에서는 국가의 능동적 역할과 책임이 엄청난 중요성을 갖는다.

이로부터 자본의 급진적·분권적 민주화 위에서 기업 간 협력적 경쟁, 국가와 기업 간 파트너십을 아우르며 사적 소유와 사회적 소유, 분권화와 집권화의 다양한 혼합 형태를 지향하는 웅거의 제도적 대안프로그램이 나온다. 다른 한편, 웅거는 분권적 시장경제와 개인적 자유를 받아들이되 그 배타적·절대적 소유권의 지배와 살인적 경쟁을 타파하고자 한다. 이로써 자유주의의 궁극적 염원을 실현한다는 의미에서 웅거는 자신의 이론을 '초자유주의'라 부르기도 한다.[4]

두번째 기둥은 실험주의적이고 급진적인 민주주의관이다. 물질적

---

2 저자의 권리묶음으로서의 재산권론도 웅거 및 맥퍼슨에 기반을 두고 있다(이병천 2005, 57 주석 7).

3 웅거는 자신의 경제 대안이 "마르크스와 로트베르투스의 비판의 힘을 수용한 라살레적 프로그램으로 간주될 수 있다"는 말을 한다(Unger 2001[1987], 636–637).

4 웅거는 고전적 공화주의에 대해서는 거리를 유지한다(Unger 1997[2015], 687–690). 하지만 공화주의적 지향을 가진 찰스 세이블C. Sabel의 유연전문화 및 요먼민주주의론과는 친화적이다.

인 경제적·기술적 진보와 인간 역량의 발전(사회적 분할 및 위계제로부터 해방)이 일치한다는 생각은 뿌리가 깊다. 이 생각은 오늘날에도 좌우를 막론하고 지대한 영향을 미치고 있다. 이 같은 낙관적 예정조화를 거부하는 또 다른 극단의 비관적 생각은 경제적·기술적 진보가 인간 역량의 발전 조건으로서 갖는 의미를 부정해 버린다. 경제적·기술적 진보를 민주적 진보에 외부적인 것으로 간주한다. 하지만 웅거는 경제·기술·노동 세계의 진보를 도덕적 경험 및 사회적 인정에 착근시켜 실험주의적으로 양자의 중첩지대를 찾아내야 한다고 생각한다.

나아가 웅거는 이 실험주의적 학습 과정이 보통 사람들의 필요와 열망에 응답하는 것이어야 한다고 말한다. 여기서 보통 사람들이 살아가는 현재의 지배적 맥락에서 어떻게 그 맥락 너머로 나아갈까 하는 전환의 정치 문제가 제기된다. 이에 대해 웅거가 제시하는 것은 기왕의 개혁주의와 혁명주의의 이분법을 넘어서는 '혁명적 개혁주의'다. 웅거의 급진적 개혁주의 또는 '리얼 유토피아' 프로그램은 주체 구성의 논리, 제도적·문화적 대안 프로그램 그리고 권리체계론(면제권, 시장권, 탈안정화권, 연대권)을 포함한다.

세 번째 기둥은 웅거의 철학적 인간학이다.[5] 웅거는 불평등을 근본적으로 타파하고자 하는 민주적 평등주의자다. 그러나 그는 평등을 가장 중요한 가치로 여기지는 않으며 그 너머로 나아가고자 한다. 웅거는 보통 사람들이 더 큰 삶, '원대한 삶'을 살기를 원한다. 웅거의 진보 사상

---

5 이를 잘 보여 주는 웅거의 대표 저작은 《정념》(1984)이다.

은 보통 사람들의 원대한 삶의 사상, 이른바 '인간의 신성화' 기획이다.

웅거가 염원하는 보통 사람의 원대한 삶 또는 인간의 신성화라는 이런 희망은 그의 사상에 깔려 있는 인간성에 대한 어떤 근본적 관념을 빼고는 도저히 이해할 수 없다. 즉, 인간성에 대한 웅거의 관념에는 기독교 · 낭만주의 · 모더니즘의 종합에 기반한 근원적 낙관주의가 있다. 웅거는 종종 인간이 '유한 속에 갇힌 무한'이라면서 현재의 제도적 · 상상적 벽을 타파할 수 있는 보통 사람들의 잠재력과 위대함에 강한 신뢰를 보이는데, 이 신뢰가 바로 그의 철학적 인간학에서 나오는 것이다. 그리고 그의 역능증진 민주주의 대안 프로그램에 자아와 개인 관계의 문화혁명적 전환이 들어 있음도 이로부터 이해할 수 있다.

이제 웅거의 대표 저작인 《정치》의 내용으로 들어가 보자. 웅거는 《정치》에서 자신의 이론을 '구성적' 사회이론이라 이름짓는다. 또는 반필연적, 반자연주의적 이론이라고도 말한다. 이 이론은 '인공물로서의 사회society as artifact'라는 관념에 기초해 있다. 사회를 어떤 객관적 구조나 필연적 법칙의 산물이라기보다 인간에 의해 주체적으로 만들어지고 상상된 산물로 본다. 웅거의 이 생각이 중요한 이유는 사회에 대한 그의 설명이론이 역량증진 민주주의론이라는 그의 진보 대안론과 불가분하게 연결되어 있기 때문이다.

인공물로서의 사회이론을 떠받치는 핵심 개념이 '형성적 맥락formative context'과 '부정의 능력negative capability'이라는 개념이다. 웅거는 구조라는 말 대신에 형성적 맥락이라는 개념을 사용한다. 구조가 불가분하고 반복되는 폐쇄적 고착화의 의미를 담고 있다면, 형성적 맥락은 인간의 일상활동을 제약하는 힘을 발휘하면서도 사회적 삶에 근본적 '불확정성'을 도입한다. 그것은 우연성을 갖고 있으며 저항 및 변화에 열려 있는 '제도적·상상적 클러스터'라는 의미를 갖는다.[6] 형성적 맥락은 주체의 의지 및 능력을 제약 또는 개방하면서 작동한다. 부정의 능력이란 사고 및 행동에서 기존의 형성적 문맥을 부정하고 넘어서려는 능동적인 인간의 의지와 능력이다. 이로부터 어떻게 기존의 문맥을 전환시키는 인간 주체의 부정의 능력, 혁신적 전환의 능력을 키울 것인가 하는 과제가 제기된다.

구체적으로 웅거는 현대의 형성적 맥락의 제도 복합체를 노동조직 복합체, 사적 권리 복합체, 통치 조직 복합체, 직업 구조 복합체 등 네 가지로 제시하고 각각의 기원을 설명한다.[7] 역사적 설명에서 웅거의 시선은 어떤 계기적 단계stages가 아니라 여러 경합적 지향들orientations의 다양성이다. 그는 역사적 현대를 특징짓는 절대적·배타적 재산권에 기반한 '자유'시장경제 및 대의민주주의가 형성적 맥락 진화의 자연적 결과라는 생각을 근본적으로 비판하고 이는 '신화적 역사'에 불과하다고 본다. 웅거는 사적 권리의 발전에 대한 마르크스주의의 생각에 대해서도 이렇게 비판한다. "마르크스주의자들은 자유주의자들과 마찬

---

6 웅거는 마르크스주의적 '심층구조' 사회이론과 포스트모던적 해체이론을 모두 '울트라 이론'이라 부르며 비판한다.

7 웅거는 '자본주의' 개념에 대해 거리를 둔다(Unger 1987, 101-113). 이 문제를 둘러싼 비판적 논의는 Anderso(1992,130-148) 참조.

가지로 사적 권리의 신화적 역사의 근본적인 교리를 받아들인다. 그 교리란 근대 유럽에서 계약 및 재산제도의 발전이 사회생활의 필수적 단계 혹은 영속적 가능성 중 하나로서 시장질서의 출현을 구현했다는 확신을 말한다. 자유주의자들과 마르크스주의자들이 다른 점은 다만 그들이 시장체계의 결함을 수정하기 위해 어떤 방식의 제안을 하느냐에 달려 있다"[Unger 1997[2015], 207-208]. 반면에 웅거는 제도적 복합체의 기원 및 발전의 역사가 갈등으로 가득 찬 과정이었고, 다른 대안 기회들에 열려 있었다고 본다.

다음으로 《정치》에서 웅거의 진보 대안, 즉 역량중진 민주주의 프로그램을 살펴볼 차례인데, 경제제도 대안 중심으로 보겠다. 진보적 제도 대안의 핵심 아이디어는, 자본의 특권적 지배력의 기초에 있는 절대적·통합적 재산권을 해체해 자본에 대한 접근을 급진적으로 개방하고 분권화시키는 것이다. 절대적·통합적 소유권을 분해하여 분해된 각 권한들을 각기 다른 유형의 권리 보유자에게 재분배하는 다층적 체계가 대안이다. 대안적 다층 체계는 다음과 같이 세 개의 층위로 구성된다.

첫 번째 층위는 중앙정부에 의해 설립되고 통제되는 중앙자본기금 (순환자본기금)으로 국가 차원에서 사회적 자본기금을 축적, 관리, 할당한다. 자본 사용자에게 자금을 직접 대출하지는 않고 다양한 중간 투자기금에 할당한다. 중간 투자기금의 개설, 폐지 및 재조정, 투자 및 분배 기준을 비롯한 전반적 운영 방식의 규제 등으로 자본 운동과 경제 성장, 분배 방식 전반에 걸쳐 최종적 통제력을 행사한다.

두 번째 층위는 투자기금인데, 중앙자본기금으로부터 자본을 할당받아 이를 다시 1차 자본 수급자에 할당한다. 이 중간매개 층위가 있음으로써 후견주의가 방지되고 분권화와 다양성이 보장된다는 생각이 깔려 있다. 투자기금은 경제 부문 및 투자 형태에 따라 특화되며 중첩 영역에서 경쟁한다. 기금은 자본 이용자들을 대상으로 자본경매를 시행하는데, 이는 기업 경영의 감시 기능과 함께 체제 내에 불평등 배태라는 양면성을 갖는다. 투자기금들은 성격에 따라 자본할당기금과 경쟁적 자본경매기금으로 구분된다.

세 번째 층위는 1차 자본 수급자인데, 이들은 투자기금으로부터 일정 기간 동안 조건부로 기금을 할당받는 청구권을 갖는다. 기금 사용에 대해 이자를 지불한다. 규제 범위 안에서 자본 수취자는 자유롭게 거래하며 경매를 통해 자원을 취득할 수도 있다. 기업 경영은 당연히 성공과 실패를 겪는다. 하지만 할당 자본에 대해 영구적 권리를 갖지는 못한다. 나아가 축적한 부, 기업에 대해서도 영구적 권리를 갖지 못한다. 사업 성공은 소득 증대로 실현된다.

1차 자본 수급자 단위는 노동자, 전문기술자, 기업가로 구성되는 팀이다. 자본의 할당·경매 체제는 종업원들이 작업 조직, 소득 및 권력 불균형 범위에 대해 중대 발언권을 가질 수 있게 한다. 하지만 역량증진 민주주의 경제 대안은 노동자 자주관리제가 아니다. 거버넌스 방식에서 다양성의 자유가 용인되면서 서로 협력하고 경쟁한다.

3. 웅거의 자기비판과《진보의 대안》

웅거가 걸어온 진보 사유의 길은 특별한 굴곡을 보이지는 않는다. 여느 대가들처럼 전기와 후기로 나누기가 어렵다. 하지만 흥미롭게도 그런 그에게도 생각의 변화가 나타난다. 외부적 비판과 내적 성찰의 결과다. 《정치》 3부작의 주저에 해당하는《허위의 필연성》신판 서문(Unger 2001)에서, 웅거는《허위의 필연성》에서 제시한 역량증진 민주주의 진보 대안이 네 가지 결함defects을 갖고 있다면서 일종의 자기비판을 한다. '과오라기보다는 불충분함'에 대한 자기비판이며, 더 발전되어야 할 대목을 함께 언급하고 있다.[8]

먼저, 대안의 추상성 문제가 있다. 《허위의 필연성》의 대안은 구체적 맥락에 대한 고려는 빠진 추상적 프로그램(글로벌한 일반성을 지향하고, 멀리 있고, 예언적인)이라는 한계가 있다.[9] 웅거는 이것이 불가피한 추상이라 변호하면서도, 이는 반드시 구체적 맥락에 대한 논의와 결합되어야 한다고 인정한다.

둘째, 이행 단계의 논의가 빠져 있다는 것이다. 모든 대안 프로그램의

---

8 웅거는 《정치》의 한국어판 서문에서도 이 자기비판에 대해 언급한다. "개정판에서 나는 3부작의 핵심 작업인 《허위적 필연성》에 장문의 서론을 새로 썼다. 사회이론에 대한 나의 생각을 다시 검토했으며, 그 생각들을 **맥락에 위치시켰고**, 그 생각들이 제기하고 예시했던 사유 의제들의 다음 단계를 모색했다"(Unger 1997[2015, 4면]. 고딕은 인용자).

9 특히 코넬 웨스트가 이 대목을 비판하였다(West 1989, 214–223). 이후 웨스트는 웅거와 함께 미국 진보주의에 대한 책을 공동 저술했다(Unger and West 1998). 웨스트는 웅거의 사상에 인종문제, 젠더문제에 대한 관심이 부족하다는 점을 집중적으로 비판했다.

제안은 지금 여기서 그곳으로 가는 일련의 계기적 단계steps 또는 경로에 대한 논의로 보완되어야 한다. 하지만 구체적 현실 맥락으로 내려갈수록 개혁 단계에 대한 어떤 고정된 레퍼토리를 제시하기가 어려워진다.

셋째, 개혁 방향의 다양성을 인식하고 있지 않다는 것이다. 웅거에 따르면, 다양성을 인식한다 함은 옳은 것the right과 좋은 것the good을 분리할 수 있다고 보는 자유주의적 관념의 오류를 인식하는 것이다. 다양한 경로 중에서 역량증진 민주주의로 나아감으로써 다른 대안(이 또한 나름의 가치를 갖지만) 경로는 밀려난다.

넷째, 《허위의 필연성》의 대안은 지배적 교리와 다투는 데 열중한 나머지, 자신의 테마와 수많은 다른 대안들의 테마 간의 관계를 탐구하지 못했다. 이 결함은 현대 세계에 존재하는 국민적 차이의 중요성을 인식하지 못한 또 다른 결함과도 직결된다.

이와 같은 웅거의 자기비판은 《정치》(《허위의 필연성》 포함)의 출간 이후 이미 10여 년간 자기비판적·발전적 작업을 수행한 이후에 나온 발언임을 인식할 필요가 있다. 자기비판 이전 경제 및 국가조직의 제도 대안 분야에서 논의를 진전시킨 대표적 저서로는 《민주주의를 넘어》를 들 수 있다. 그리고 자기비판 이후 같은 분야의 새 저서로 《진보의 대안》을 출간했다. 특히 이 두 권의 저작에서 웅거가 자기비판에서 언급했던 네 가지 결함들, 즉 맥락 없는 추상성, 이행 단계, 다양성, 그리고 다른 대안들과의 관계 및 국민적 차이 등의 미해결 문제를 끌어안으면서 자본의 민주화와 역량증진 정치론을 어떻게 발전시키는지가 잘 나타난다. 여기서 우리는 《진보의 대안》을 중심으로 《정치》

이후 웅거의 생각을 살펴볼 것이다.

웅거는《민주주의를 넘어》에서 자신의 진보 대안의 이름을 '민주적 실험주의'라 부르면서 신자유주의 그리고 보수적 사민주의, 즉 유럽식 사회보호와 미국식 시장유연성을 혼합한 제3의 길에 대치시킨다. 웅거는 중심적 도전을 세계의 주요 국민경제들이 전위부문(중심)과 후위부문(주변)으로 내부 분열되어 있는 이중구조dualism 모순을 어떻게 극복할 것인지의 문제로 바라본다. 이는 지배권력의 이념 및 정책들이 특정 부문이나 세력에 특권적 지위를 부여하고 '나머지'를 아웃사이더로 배제하거나 낙수효과로 처리하고 있다고 생각하기 때문이다. 그러면서 부유한 선진국에서 산업적 쇄신 프로그램과 개발도상국 및 공산주의 체제전환국에서 신자유주의의 대안 프로그램을 논의하고 있다. 그러면서 진보 대안 프로그램을 두개의 단계로 구분해서 제시한다.

《민주주의를 넘어》에서 웅거가 동북아 모델에 대해 자신의 견해를 밝히고 있는 부분은 주목할 만하다. 그는 이들 지역이 토지개혁 및 교육개혁을 통해 불평등에 따른 계급 갈등을 완화시켰고, 자기 방식의 글로벌화 그리고 경성국가의 주도 및 국가·기업의 동반자 관계라는 제도적 혁신을 통해 압축성장에 성공했다고 평가한다. 그러나 국가의 경성성과 권위주의를 분리하지 못함으로써 국가가 사회 역량을 무력화시켰고(political disempowerment of society), 국가·기업 파트너십을 획기적으로 분권화시키지 못했다고 적확히 비판하고 있다(Unger 1998 [2017, 165-166]).

《진보의 대안》은《민주주의를 넘어》의 연장선상에서 사회경제적 진보 대안 논의를 펼치면서 더 진전시키고 있는데, 웅거가 쓴 책 중에서는 가장 논의 폭도 넓고 더욱 대중적으로 씌어진 책이라 할 수 있다. 모두 12개 장으로 구성되어 있다. 서장은 '다른 시간을 위하여'라는 제목으로 되어 있다. 시장경제를 민주화하고 민주주의를 급진적으로 심화시키는 일, 그리하여 민주적 평등사회뿐만 아니라 궁극적으로 보통 남녀의 원대한 삶을 희망하는 자신의 진보 대안 비전과 책이 다루는 범위를 제시해 책 전체의 판짜기 의미를 갖는다. 1~3장에서는 대안이 없다는 독재 아래 방향을 상실하고 있는 좌파의 상황을 비판한다. 그런 다음 재정립해야 할 진보 대안의 기본 윤곽을 제시한다(3장). 4~5장에서는 대안을 이끌어 갈 주체의 문제와 관련해 프티부르주아지 및 민족(국민국가)에 대해 논의한다. 웅거는 노동자계급을 미래 중심 주체로 보지 않고 나름의 민중연합에 대한 생각을 제시한다. 웅거는 현대의 계급체제가 네 개의 계급(전문가·경영자·지대추구자로 구성된 최상층계급, 소기업계급, 화이트칼라 및 블루칼라 노동계급 그리고 하층계급)으로 구성되고 있다고 파악한다. 그의 사상은 '노동자주의'가 아니다. 그리고 국민국가를 건너뛰는 첨단 진보의 논의들(예컨대 '코스모로컬리즘')과 다르게, 진보 대안의 구축에서 국민국가 스케일과 민족적 정체성을 중시한다.

제6장부터는 진보적 경제 대안에 대해 더 구체적인 논의로 들어간다. 제6장에서는 경제적 진보로 나아가는 데 두 가지 기본적 요구인 협력과 혁신 간의 긴장을 완화시킬 '혁신친화적 협력'의 일반적 문제에 대해 논의하고 있다. 이 일반적 논의 위에서 7~9장에서는 개발도상국, 유럽, 미국 각 지역의 구체적 맥락과 그것에 상응하는 대안 경로에

대해, 제10장에서는 글로벌 거버넌스 수준의 문제와 대안에 대해, 그리고 마지막 11~12장에서는 다시 자신이 말하는 대안 좌파의 지향을 밝히고 대안의 두 가지 수준, 즉 주체의 이해利害에 부응하는 타산적 호소와 보통 남녀의 원대한 삶의 가치에 부응하는 예언적 호소를 언급한다. 3장(좌파의 재정립), 6장(기회-혁신친화적 협력), 10장(세계화 그리고 대안)의 내용을 좀 더 부연 설명해 보면 아래와 같다.

웅거는 오늘날 좌파가 대안의 부재, 아이디어 부재, 주체 부재, 위기감의 부재 등 네 가지 부재라는 이유로 방향을 상실하고 있다고 비판한 후 이 부재 모두에 대한 자신의 대안적 논의를 펼친다. 이 중에서 제도적 대안을 중심으로 웅거의 대답을 살펴보자. 구체적 맥락들에 맞추어 조정, 보완돼야 함을 전제로 하고서, 웅거는 일반적 적용 가능성을 갖는 진보 대안 프로그램의 내용을 다섯 가지로 제시한다(3장).

첫째, 높은 수준의 국내 저축을 확보한다. 이로써 국민경제 자율성을 위협하는 외부적 힘에 휘둘리지 않고 나라 자원을 충분히 동원·활용하고 저축과 생산적 투자의 연결을 긴밀하게 만든다. 둘째, 개인의 역량 신장을 최우선으로 삼는 사회정책이다. 사회의 맥락 또는 조건에 맞게 각 개인에게 기초적인 경제적 자산 및 교육적 자산endowment을 보장한다. 사회적 상속제를 일반화하여 개인들이 인생 전환점(대학 입학, 주택 구입, 창업 등)에서 사용할 수 있는 최저기본몫을 보장한다. 특히 물려받은 것 없는 청춘들에게 평등한 교육 기회를 보장함으로써 계급적 특권과 능력주의의 공모, 결탁을 단계적으로 해체시킨다. 셋째, 시장경제의 민주화다. 이는 성원들에게 생산적 자원의 접근권(신용, 기술, 전문지식, 시장)을 획기적으로 확장·분권화시키는 것이다. 또 선진적인 혁신 성과를 전반적으로 확산시켜 선진부문과 후진부문 간 이중구조적 장벽을 허문다. 다양한 기금들과 지원센터가 기초적 역할을 맡는다. 다른 한편 노동 분배율을 높이며, 다양한 하위 계층들을 포용, 참여시킬 수 있는 대책을 강구한다. 이로써 노동생산성 증가와 내수시장 확대가 공진하면서 높은 길로 가는 선순환이 일어난다. 넷째, 사회적 연대를 재구성한다. 사회적 연대는 현금 이전을 넘어서 동료 시민을 돌보는 보편적 책임에 기초해야 한다. 즉, 구성원은 통상적 일자리 외에 가족 범위 이상의 돌봄노동을 수행하는 의무를 진다.

다섯째, 구조개혁을 가능케 하는 정치제도를 수립한다. 이는 정치에서 시민참여 수준을 항구적으로 높이는 '고에너지 민주정치'로서 다음과 같은 내용을 포함한다. 정부 부처 간 생겨나는 진퇴양난 상황을 타개하는 과정에 일반 유권자가 참여할 장치를 마련할 것, 특정 부문이나 지역이 일반적 법제도가 부여하는 제약에서 벗어나 미래의 혁신적·창의적 실험을 도모할 여지를 허용할 것, 통상적 방식으로는 도저히 빠져나올 길 없는 불이익, 불행 상태에 처한 사람들을 구출할 수 있도록 정부의 기능을 갖추어 놓을 것, 그리고 직접민주주의와 대의민주주의 특징들을 결합할 것 등이다.

다음으로, 진보적 대안을 실현해야 할 또 다른 난관이자 기회로서 웅거는 '혁신친화적 협력'에 대해 논의하고 있다(6장). 협력과 혁신 그리고 포용과 혁신은 진보적 경제성장으로 나아가는 두 가지 기본적 요구다. 하지만 혁신은 기존의 협력을 위협할뿐더러 소수 선진부문에 닫힌 이중주의dualism를 낳을 수 있으므로 양자 간에는 긴장이 존재하기 마련이다. 이를 어떻게 화해시킬까 하는 문제다. 웅거는 세계적으로 혁신 친화적 협력은 미국, 독일, 일본 그리고 중국, 인도, 브라질 등에서 사례를 볼 수 있다고 주장한다. 하지만 문제는 이 사례들이 충분히 급진적이지 못하며 이중구조적 분단 및 불평등 상황에 갇혔다는 것이다.

이 대목에서 웅거는 혁신친화적 협력 및 사회적으로 포용적인 경제성장을 함께 이루고 확산시킬 수 있는 네 가지 필수 조건에 대해 말하고 있다. 첫째, 뿌리 깊은 불평등을 타개해야 한다. 계급적 이익의 부당 세습과 박탈감이 함께 일하면서 혁신의 길로 갈 수 있는 신뢰 기반을 무너뜨리지 않게 해야 한다. 둘째, 시장 불안과 정치적 불운에 대처할 수 있도록 기초적 사회권과 역량을 보장하고, 이런 인간 안전 보장 위에 혁신과 변화를 향한 실험에 열려 있어 함께 더 높은 번영의 계단으로 올라갈 수 있게 해야 한다. 셋째, 사회와 문화 속에 실험주의적 열정이 확산되어야 한다. 무엇보다 교육이 중요하다. 단지 정보 제공 차원을 넘어, 분석적이고 문제 제기적인 교육, 창의적이고 협력을 장려하며 활발한 대화와 토론으로 길을 찾아가는 교육이 청년기는 물론이고 일하는 동안 내내 제공되어야 한다. 넷째, 재난을 맞이해서야 변화에 내몰리는 것이 아니라 항구적으로 자체 수정을 용이하게 하는 제도와 담론을 설계해야 한다.

웅거의 이단적 진보 대안은 국민국가 수준을 넘어서 반드시 제도적 다양성과 다양한 실험을 용인하고 장려하는 새로운 세계질서를 필요로 한다. 그에 따르면, 미국식 자유시장경제를 글로벌 표준으로 둔갑시킨 오늘의 패권적인·획일적 세계경제질서는 '글로벌 다원주의'로 발본적으로 전환되어야 한다(10장).[10] 웅거는 세계질서 개혁을 위한 진보적 프로그램이 담아야 할 세 가지 과제에 대해 논의하고 있다.

먼저, 세계무역체제의 재설계다. 현재 세계무역체제를 밀고 가고 있는 세 가지 원리를 모두 급진적으로 수정해야 한다. 자유무역 극대화를 지상 목표로 간주하는 원리를 선택적 이탈의 자유를 보장하도록 바꾸어야 한다. 자유시장경제를 마치 시장경제 조직화의 '자연적' 원리, 최상의 원리처럼 간주하는 독단적 견해는 폐기되어야 한다. 정부 개입 여지, 기본적 인권 및 민주적 참여의 보장, 지적재산권 규제 등의 면에서 조정된 시장경제 원리를 옹호해야 한다. 자본은 자유롭게 세계를 누비고 다니는 반면, 노동의 국경 이동 자유는 허용하지 않는 '선택적 무자유' 원리를 공정하게 노동 이동의 자유를 확대하는 방향으로 바꾸어야 한다. 둘째, 다자간 조직의 방향 재정립이다. 대표적으로 국제통화기금IMF과 세계은행이 문제인데, 미국 이익을 중심으로 돌아가는 이들의 현재 역할은 차이와 다양성을 존중하고 지원하는 쪽으로 바뀌어야 한다. 이 같은 다원주의적 방향을 위해 단기신용의 제공은 물론이고 장기 발전의 노력을 지원해야 한다. 조직 운영의 자금 조달 문제와 관련해서는 1인당 국민소득에 상응해 '다원주의 세금'을 특별 신설하는 방안이 가능하다. 하지만 글로벌 규모의 민주적 다원주의 길은 미국의 패

---

10 유사한 방향의 생각은 스티글리츠(2008 [2006]), 로드릭(2011)에서도 볼 수 있다.

권적 강압을 변화시키는 난관을 뚫지 않고는 어렵다. 더 넓은 다원주의는 어떻게 미국 패권의 현실과 조화될 수 있을까? 이것이 세 번째 과제다. 웅거의 생각은 국제정치사상의 두 가지 전통, 즉 윌슨주의(민족자결과 인권의 공약)와 비스마르크주의 공약(다원적 권력중심의 공약)을 받아들여 실현시켜야 한다는 것이다. 그러면서 유엔 바깥에서 정치 외교적 발의를 실행해 미국 패권을 제약하는 중간 단계안이 필요하다.

4. 비판적 토론[11]

웅거의 사상은 힘이 세다. 그의 글을 읽노라면 힘이 난다. 왜 그럴까? 오늘날 거대한 불평등과 불공정, 지대 수탈이 태연히 자행되고 있는 시대, 다수 보통 사람들이 이른바 '프레카리아트precariat'로서 각자도생의 불안한 삶을 살아가고 있는 우울한 시대에 '제3의 길'로 불리는 보수적 사민주의를 넘어, 분배와 생산체제, 민주주의의 재발명을 모두 아우르는 정녕 새로운 진보 대안을 찾기란 쉽지 않기 때문이다. 웅거가 우리에게 힘을 주는 기본적 이유는 그가 자산 불평등을 방치하고 시장에 적응하는 사민주의를 넘어, 제도적 대안 프로그램 측면에서 자본을 발본적으로 민주화하고 개개인의 자율적 역량을 증진시키는 포괄적 진보

---

11 기존 연구에 대해서는 다음 사이트를 참고할 수 있다. http://www.robertounger.com/
en/2017/01/23/discussions-of-my-work/

쇄신의 대안을 제시하기 때문이다. 하지만 단지 그것만은 아니다.

웅거는 선남선녀의 건설적 힘을 신뢰한다. 그의 진보 사상은 기독교·낭만주의·모더니즘의 종합에 기반을 둔 인간(성)의 근원적 낙관주의에 뿌리를 두고 있다. 이 낙관적 휴머니즘에 밝은 긍정의 힘이 내장되어 있다. 그의 구성적 사회이론도 이 철학적 인간학과 동전의 양면을 이루고 있다. 웅거는 불평등을 근본적으로 타파하고자 하는 민주적 평등주의자다. 그러나 그는 평등을 가장 중요한 가치로 여기지는 않으며 그 너머로 나아가고자 한다. 웅거는 보통 사람들이 일상의 맥락을 탈피해 더 큰 삶, '원대한 삶'을 살기를 원한다. 웅거의 진보사상은 보통 사람들의 원대한 삶의 사상, 그의 진보 기획은 이른바 '인간의 신성화' 기획이다. 하지만 보통 사람들, 보통 남녀들이 그런 원대한 삶, 신성화의 기획을 원할까. 더구나 '자유의 왕국'이라 불리는 인문적 삶의 세계라면 또 모를까, '필연의 왕국'이라 불리는 사회경제적 삶의 세계에서 고단하게 그런 원대한 삶을 추구하려고 나설까.[12] 위기나 재난 상황에 의존함이 없이 그렇게 하려고 할까. 여기에 문제의 관건이 있다. 웅거는 다음과 같이 말한다.

"더 원대한 보통 남녀의 삶이란 대중이 원해야 하며 현재의 자신이 부정되어야 함을 깨달아야 이룰 수 있다."[Unger 2005[2019], 191]

---

12 웅거의 경우, 앙드레 고르나 칼 폴라니에서 보는 바와 같은 경제적 합리성에 대한 비판은 미약한 듯하다. 역자는 웅거와 고르의 생각을 통합하는 시민경제 대안을 제시한 바 있다(이병천 2007, 65–69).

더 원대한 삶, 신성화의 기획은 대중이 원해야 한다. 대중 스스로가 깨달아야 한다. 이 대목에서 웅거는 일종의 '사상적 도박'을 하고 있는지도 모른다. 웅거의 낙관적 진보사상은 우울한 시대를 사는 우리에게 힘찬 긍정의 활력을 불어넣어 줌과 동시에 위험한 도박의 요소도 담고 있는 듯하다. 웅거는 '고집 센 바보'일지도 모른다.[13] 그의 낙관주의는 인간성의 어두운 측면을 간과한다는 비판, 심지어 '희망고문'(?)이라는 비판을 받을 수도 있겠다. 주체의 '부정의 능력'이 약화될수록 그만큼 구조의 힘, 자본과 권력이 현존 맥락을 밀고 가는 지배적 규정력이 강화될 것이다. 그러나 인간의 삶, 인간의 역사는 실험이고 학습이다. 우리는 웅거의 사상이 민주적 실험주의에 기반해 있다는 사실, 단계적 전환 과정을 논하고 있다는 점을 상기할 필요가 있다. 이제 웅거의 진보대안에서 낙관적 휴머니즘이 갖고 있는 두 얼굴과 별개로, 경제 분야의 제도적 대안 프로그램과 관련하여 몇 가지 지점에 대해 논의하면서 웅거를 어떻게 읽어야 할지 더 생각해 보고자 한다.

①《진보의 대안》에서 말하는 각종 사회기금 및 지원센터나 사회상속계좌든,《정치》에서 말하는 자본 할당 및 경매체제에서 중앙자본기금 및 투자기금이든지 간에 막대한 돈이 필요하다. 이 돈을 어떻게 확보하나? 웅거는 저축 증대라든가 증세 대안에 대해 말한다. 나아가 큰

---

13 웅거는 《진보의 대안》 독일어판 서문 끝부분에서 다음과 같은 윌리엄 블레이크의 말을 인용한다. "만약 바보가 자신의 어리석음을 고치려 하지 않고 고집한다면 그는 현명해지리라."

저항을 낳을 수 있는 간접적 소비세 방안에 대해서도 언급하고 있다. 하지만 웅거의 웅대한 목표에 비할 때 정책 수단은 미흡해 보인다. 웅거의 대안에는 금융체제 대안이 빠져 있다. 자산보유세의 강화 방안과 더불어 민간은행의 신용 창조 기능에 의존하는 현행 화폐금융 체제를 넘어 신용의 민주적 사회화(또는 공공화)라든가, 토지 등 사회생태적 기초자산의 국공유화 같은 대안이 필요해 보인다.[14]

② 웅거에 따르면, 대안경제는 사적 소유와 사회적 소유가 실험적으로 공존하는 다원적 소유 형태가 될 것이다. 하지만 이 설명은 구체성이 부족하다. 사용권, 통제권, 수익권, 처분권 등이 조합되는 구체적 기업 조직 형태에 대한 설명이 더 요구된다. 이는 당연히 구체적 금융체제에 대한 설명도 포함해야 한다. 또한 국공유 형태, 커먼즈 및 협동조합을 포함한 사회적 소유 형태에 대해 진전된 논의가 필요하다.[15]

③ 웅거의 대안은 노동기본권을 획기적으로 신장하는 대안일뿐더러 이에 기반해 사회적으로 포용적이고 '혁신친화적인 협력'의 선순환을 도모하는 대안이다. 웅거는 노동자가 미래 사회 중심 주체가 되는 '노동자주의' 대안을 추구하지는 않는다. 그건 그렇다 해도 그가 새로운 '산업민주주의' 대안을 제시했다고 보기도 어렵다. 웅거는 유럽식 이해당사자 자본주의를 비판한다. 내부자와 외부자의 이중구조를 낳는다는 이유 때문이다. 웅거의 노동·복지 체제 대안은 유연성을 높

---

14 웅거의 사상적 원천인 프루동의 경우, 신용의 사회화(무상신용)을 대안으로 제시했다는 사실을 상기할 필요가 있다.

15 추이즈위안(2003, 2014)에서 진전된 논의를 볼 수 있다.

여 이중구조를 깨트리는 나름의 '유연안전성' 대안인 듯하다. 그런데 웅거식 유연안정성 또는 포용성 있는 유연성 대안이 영미식 전통과 다른 문화적 전통을 가진 사회에도 일반적 통용성을 가질지, 나아가 노동유연화의 과잉에 빠질 위험은 없는지 의문이 없지 않다.[16] 웅거는 창업과 패자부활이 매우 활발한 유형을 일반적 모델로 가정하고 있지만, 그렇지 못하면서 일방적으로 노동유연화만 활발히 일어나는 경우도 생각해 봐야 한다.

④ 유인의 문제를 제기할 수 있다. 유인 문제는 정보 문제와 함께 경제 시스템의 성공적 작동에 근본적인 사안이다. 그런데 웅거가 《정치》에서 말하는 자본 할당 및 경매 체제에서 사람들은 보유 자본이나 기업에 대해 영구적 권리를 가질 수가 없다. 사업의 성공은 소득의 증대를 의미할 뿐이다. 정확히 말해 그 체제는 어디에도 '통합적 재산권'을 허용하고 있지 않다. 이런 조건 아래 얼마나 활발하게 축적의 동기, 혁신의 동기가 일어날 수 있을까 하는 문제가 제기된다(Phang 1997). 통합적 재산권을 허용하지 않는 《정치》에서의 엄격한 경제 대안은 《진보 대안》에서는 보이지 않는다. 하지만 웅거가 '궁극적' 체제 대안에서 이 문제를 어떻게 생각하고 있는지는 여전히 불분명한 상태로 남아 있다.

⑤ 웅거는 동북아 경제의 성공과 구조적 문제점을 논할 때 균형된 견해를 보여 준다. 그는 이들 지역이 토지개혁 및 교육개혁을 통한 자

---

16 웅거는 자신의 경제 대안의 역사적 사례를 말할 때 유연적 전문화 생산이라든가, 19세기 미국 농업의 가족경영과 정부 지원 방식을 제시하곤 한다.

산평등화 조치, 자기 방식의 글로벌화를 통한 개방 이익의 확보, 경성국가의 주도 및 국가·기업의 동반자 관계라는 제도적 혁신을 통해 성공했다고 평가한다. 하지만 국가의 경성성과 권위주의를 분리하지 못해 국가가 사회의 역량을 무력화시켰으며(political disempowerment of society), 국가·기업 파트너십을 획기적으로 분권화시키지 못했다고 비판한다. 웅거는 한국 모델에 대해서도 다음과 같은 견해를 밝혔다.

"한국은 많은 측면에서 국가 발전의 놀랄 만큼 성공적인 사례가 되어 왔다. 그 과정에서 한국은 국가와 대기업의 동반자 관계와 교육적 자질에 대한 헌신에 의존해 왔다. 물론 그러한 교육적 자질은 정부보다는 사회와 가정으로부터 나온 것이다. 그러나 지금의 경제적·정치적·교육적 장치들의 구속 아래에서는 계속해서 발전할 수 없다. 한국은 이 구속으로부터 벗어나야 한다. 경제적 장치와 기회를 급진적으로 분산하여 국가와 대기업 간의 호혜적인 관계를 대체하고, 혁신 자들의 사회로 전환해야 한다. 기존 지식을 창조적으로 활용하고 재구성하면서 이에 보상하는 교육 방식을 개진해야 하며, 체제순응주의라는 과거의 압박을 걷어 내야 한다. 국민들이 국가의 정치생활에 더욱 참여하도록 하고, 정부를 사회구조에 대한 지속적인 실험을 위한 도구로 전환시키는 정치제도들을 확립해야 한다. 한국은 지금까지 존재하지 않았던 것이 되어야 한다. 즉, 불복종, 이단, 저항, 실천적 비전과 비전가들, 그리고 희망과 상상력의 연합 등을 흔쾌히 받아들이는 국가가 되어야 한다"(웅거 2015, 10).

여기서 웅거는 국가와 대기업 간의 '호혜적 관계'에 대해 언급하고 있는데, 이 말이 어떤 의미인지는 박근혜 · 최순실 · 이재용의 국정농단을 겪은 우리보다는 잘 모를 것이다. 그리고 권위주의 개발국가 이후 한국의 이행경로가 얼마나 가시밭길이었는지도 잘 모를 성싶다. 하지만 과거의 구속을 벗어던지고 경제적 장치 및 기회를 급진적으로 분산해 혁신자들의 사회로 나아가야 한다는 웅거의 충고에 틀린 말이 있는가. 한국이 웅거의 진심 어린 충고를 받아들인다면 얼마나 좋을까. 불행하게도 한국의 현실은 '촛불정부' 시기에도 다르게 가고 있다. 여전히 과거가 미래의 발목을 붙잡고 있고 정의로운 전환은 지체되고 있다(이병천 2019). 개도국에 대한 웅거의 대안 논의에는 동북아 및 한국 경제 그리고 브릭스에 대한 평가가 깔려 있는 듯하다. 하지만 개도국 수준에서 웅거가 《진보의 대안》에서 말한 민주적 · 분권적 자산 소유 평등주의 진보 대안이 어떻게 실현될 수 있을지는 아직 미지수다. 웅거의 대안 논의에는 발전 단계의 차이란 곧 국가와 사회 전체를 아우르는 정치적 · 제도적 발전 '역량'의 차이라는 점에 대한 인식이 미약한 듯하다. 웅거의 진보 대안은 한층 더 맥락화되어야 할 것이다.[17]

2019년 11월

이병천

---

[17] 웅거의 대안에는 정경유착과 같은 부패, 비리의 위험 문제에 대한 논의도 빠져 있다. 특히 한국을 비롯해 권위주의 경성국가 주도 발전 경험을 가진 동아시아 모델의 경우 이 문제는 매우 중요하다(Phang 1997).

참고문헌

Anderson, P. 1992. *A Zone of Engagement*. Verso.

Phang A. 1997. "Roberto Unger and the Politics of Transformation in an Asian Context", *The Toronto South Asian Review*(*TSAR*).

Unger, R. 1975. *Knowledge and Politics*. Free Press.

Unger, R. 1986. *Passion: An Essay on Personality*. Free Press.

Unger, R. 1987. *Social Theory: Its situation and its task*(*Politics* Vol. 1). Verso.

Unger, R. 1987[2001]. *False Necessity: Anti-necessitarian Social theory in the service of radical democracy*(*Politics* Vol. 2). Verso.

Unger, R. 1987. *Plasticity Into Power: Comparative-Historical Studies on the Institutional Conditions of Economic and Military Success*(*Politics* Vol. 3). Verso.

Unger, R. *What Should Legal Analysis Become?*. Verso, 1996.

Unger, R. (Zhiyuan Cui ed.) 1997. *Politics: The Central Texts*. Verso(김정오 옮김, 《정치—운명을 거스르는 이론》, 2015, 창비).

Unger, R. 1998. *Democracy Realized: The Progressive Alternative*. Verso(이재승 옮김, 《민주주의를 넘어》, 앨피, 2017).

Unger, R. 2001. "Introduction to the New Edition", in *False Necessity*.

Unger, R. 2007. *The Self Awakened: Pragmatism Unbound*. Harvard University Press(이재승 옮김, 《주체의 각성》, 앨피, 2012).

Unger, R. 2009. *The Left Alternative*. Verso(이병천·정준호 옮김, 《진보의 대안—자본의 민주화와 역량증진 정치》, 앨피, 2019).

로드릭 대니. 2011. 《자본주의 새판짜기》. 고빛샘·구세희 옮김. 21세기북스.

스티글리츠 조지프. 2008[2006]. 《인간의 얼굴을 한 세계화》. 홍민경 옮김. 21세기북스.

웅거 로베르토. 2015. 〈한국어판에 부쳐, 지적 식민주의로부터 한국의 해방〉. 《정치》. 창비).

이병천. 2005. 〈자유화 양극화시대 무책임자본주의—사회통합적 시민경제의 대안〉. 《아세아연구》 48권 3호.

이병천. 2007. 〈양극화의 함정과 민주화의 깨어진 약속—동반성장의 시민경제 대안을 찾아서〉. 이병천 편. 《세계화시대 한국자본주의》. 한울.

이병천. 2019. 〈공정의 역습 그리고 선택적 공정의 허약함〉. 한겨레신문. 11월 8일.

추이즈위안. 2003. 《중국은 어디로 가고 있는가》. 장영석 옮김. 창비.

추이즈위안. 2014. 《프티부르주아 사회주의 선언—자유사회주의와 중국의 미래》. 김진공 옮김. 돌베개.

크라우치 콜린. 2012[2011]. 《왜 신자유주의는 죽지 않는가》. 유강은 옮김. 책읽는수요일.

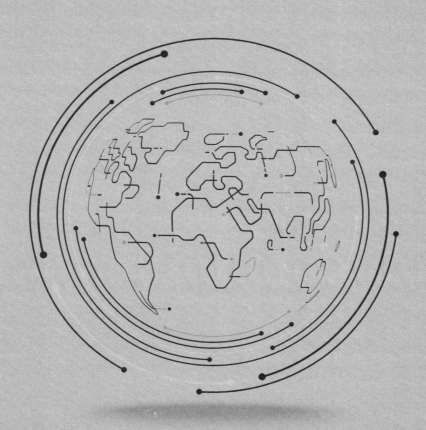

다른 시간을 위하여

세계는 여전히 쉼 없이 움직이고 있다. 세계는 보통 남녀의 건설적 기풍을 인정하고 신장하려는 민주주의의 중심적인 이상을 달성하기 위해 더 나은 방안을 지치지 않고 모색해 왔다.

이러한 모색을 추동하는 열망은 더 큰 평등의 실현보다 한 차원 더 나아간, 더 원대한 삶에 대한 요구이다. 더 원대한 삶이란, 사람들이 적정 수준의 번영을 이루고, 독립적으로 살아가고, 극도의 가난과 고된 노동 그리고 억압으로부터 자유로운 삶―비록 이 정도의 삶조차도 오늘날의 많은 사람들에게는 그림 속의 떡일지라도―한 차원 더 나아간 고차원적인 삶을 뜻한다.

원대한 삶은, 또한 해방이라는 우리의 세속적 이데올로기를 구성하는 기독교적 · 낭만주의적 · 자유주의적 배경에서 중심적 역할을 수행해 온 자신의 태연자약함self-possession과 자기 완성을 더 많이 경험할 수 있게 해 주어야 한다.

사람들을 현혹시키고 고무시키는 공식을 내세우는 낭만주의적 문화가 전 세계에 널리 퍼져, 자유주의적이고 사회주의적인 이데올로기 중에 살아남은 사상과 결합해 오랫동안 세계를 화염 속에 휩싸이게 했다. 그러나 좌파는 지속적 변화 과정을 거쳐야 하는 책임을 수행하는 데 실패했다. 사실, 좌파는 실종되었다고 할 수 있다. 이 책은 이러한 방향 상실을 힐난하기 위함이 아니라 그 상실을 설명하기 위해 씌어졌다. 더 나아가, 이 현상을 극복할 방안을 제시하고자 한다.

오늘날 세계에는 두 개의 중심적인 좌파가 남아 있다. 그중 완고한 좌파는 그들이 어떠한 대안도 제시하지 못하는 영역인 시장과 세계화에 대해 그 진행 속도만 늦추려고 한다. 그들은 전통적인 지지 세력, 특히 자본집약적 산업 분야에 조직화되어 있는 노동자들의 이익을 위해 이 속도를 늦추려고 한다. 그러나 거의 모든 현대사회에서 줄어드는 추세인 이 세력은 점점 인류 보편 이익의 옹호자가 아니라 자신들만의 분파적 이익의 옹호자로 비쳐지고 있으며, 그들 스스로도 그렇게 인식하고 있다.

투항한 좌파는 현재 형태의 시장경제와 현재 진행 중인 세계화를 수용하며, 이를 피할 수 없을 뿐만 아니라 유익하기조차 하다고 간주한다. 투항한 좌파는 시장경제와 세계화를 교화하려 한다. 이를 위해 중세와 소득이전移轉 정책을 통한 보상적 재분배를 시행한다. 그러나 이는 반대 세력인 보수 진영에서 시행해 온 기존 프로그램을 가져와 거기에 교화효과를 더한 것일 뿐 그들만의 프로그램이 아니다.

우리에게는 제3의 좌파, 시장경제를 민주화하고 민주주의를 심화시킬 그런 좌파가 필요하다. 우리의 좌파 목록에서 빠져 있는 이 재건 좌파는 더 큰 포용과 기회의 창출, 역량의 신장을 달성할 국가적 실험을 성공시키며, 다원적인 미래 비전과 권력이 존재하는 세계질서를 창출해 내도록 세계화의 방향을 바꾸고자 한다.

이 제3의 좌파는 사회적으로 포용적인 경제성장을 이룰 방편으로 시장경제를 개조하려 한다. 이 목표를 달성하기 위해 동일한 시장경제 안에 사적 소유와 사회적 소유라는 서로 다른 형태의 제도들이 공존하게 하고, 정부와 기업을 연계시키는 여러 실험을 시도할 것이다.

제3의 좌파는 분석적이고 변증적이며 (관점들의 대조를 통해서 진행되는) 협동적인 교육 방식으로 역량을 키우고, 지식을 제공하고, 정신을 자유롭게 하는 공교육 체제를 옹호할 것이다. 이 공교육 체제에서는 지역 차원의 학교 경영을 국가 차원의 투자와 교육의 질 기준에 맞춰 재정을 조달하고 인원을 확충할 것이다.

또한, 제3의 좌파는 사회 통합과 연대에 대한 우리의 도덕적 관심이 정부가 보상적이고 사후적인 재분배 형태로 시행하는 화폐소득의 이전에만 좁게 제한되는 것을 거부할 것이다. 단순한 화폐소득의 이전이 아니라, 모든 구성원이 어떤 방식으로든 혹은 언제든지 간에 자신의 가족 이외의 타인을 돌보는 데 대한 책임을 공유한다는 원칙을 공언할 것이다.

제3의 좌파는 현존하는 민주주의 버전보다, 우리의 도덕적이고 물질적인 최대의 관심에 더 밀착된 새로운 민주주의를 수립하고자 헌신할 것이다. 이 심화된 민주주의에서는 정치의 온도, 즉 시민참여의 수준을 높이고, 정치의 속도를 빠르게 하는, 다시 말해 정치적 난항을 신속하게 타개하는 장치가 마련될 것이다. 이런 장치를 통해 좌파는 무능하고 화만 내는 차이에 대한 의지 속으로 가라앉아 버리는 것이 아니라, 그 이익과 이상에서 아주 확실하게 다른 존재로 오늘날의 사회에서 부각될 것이다.

이는 위기에 기대어 변화를 일으키는 방식을 제치고, 사회적으로 포용적인 경제성장이 뿌리내리게 할 정책과 제도 혁신으로 나아가는 길을 닦을 것이다. 이러한 열망으로 정의되는 좌파를 위한 프로그램의 밑그림을 그리고, 이를 옹호하기 위해 이 책을 썼다.

오늘날 새로운 좌파를 위한 지적 기초는 매우 단편적이거나, 우리가 그 출현을 고대하고 있을 뿐 존재하지 않는다고도 할 수 있다. 이 책의 주장은 시작 부분에서 지난 150년간 좌파 세력에 최대 영향을 미쳐 온 마르크스주의 같은 사회이론들의 많은 전제들을 반박한다. 여기서 더 나아가 이 책은 그러한 사회이론들이 전환의 정치transformative politics[1]와 프로그램적 사고programmatic thought[2]의 결합이 갖는 실제적 중요성에 관해 거의 논한 바가 없다는 믿음에서부터 시작한다.

사회적 실천과 공공정책의 각 영역에서 매번 다음에는 무엇을 해야

---

1 체제관리적 개혁주의와 혁명적 전복주의라는 오랜 이분법 또는 허구적 딜레마를 극복하기 위해 웅거가 추구하는 '혁명적 개혁'주의, 제3의 급진적 정치 개념 및 전략을 말한다. transformation을 '변혁'으로 옮기는 경우도 있으나 오해의 여지가 있어 이 책에서는 '전환'으로 옮겼다.

2 전복적 혁명주의를 거부하더라도 미래지향 프로그램이 없으면 체제 관리적 개혁주의로 떨어진다. 웅거는 현 체제가 갖고 있는 억압적 성격을 드러낼 뿐 아니라, 사회를 재구성할 수 있는 새로운 프로그램을 상상하고 구체적으로 기획할 수 있어야 한다고 본다. 단, 웅거의 프로그램적 사고에서 중요한 것은 어떤 청사진이 아니라 미래의 방향과 경로다.

할지에 관해 미시적이고 실제적인 아이디어들을 취합하는 것만으로는 부족하다. 어떤 방향으로 가야 할지 큰 아이디어를 제시하는 것이 중요하다. 경로를 설정하고서 어떤 식으로 그 길에 발을 내딛어야 하는지를 보여 주는 것, 그것이야말로 제도적 상상, 대안의 상상이 전환적 실천에 가져다주는 최대의 선물이라고 할 수 있다.

이러한 선물을 현대사회에 안겨 줄 수 있으려면, 이론이 우리 주위 전체를 언제나 감싸고 있는 기존의 사회·역사 사고 모델에 머물러서는 안 된다.

기존의 사회이론 대부분에 만연한 가정들에 얽매인 제도적 대안 아이디어를 용인해서는 안 된다. '봉건제'나 '자본주의'처럼 우리 역사에는 닫힌 제도적 대안 목록이 존재한다는 가정, 그 대안 형태들은 불가분의 체계를 구성하고 있어서 이 체계 전체가 확립되거나 붕괴된다는 가정, 사람들이 통제할 수 없고 이해하지도 못하는 법칙과 같은 힘들에 의해 이 제도 체계들이 역사적으로 이어진다는 가정 등에 얽매여서는 안 된다. 그러면서도 이론은 오늘날 사회과학의 지배적 실천을 따라 구조적 변화와 불연속을 거부하거나 주변화하는 일에 묵종默從해서도 안 된다.

이 같은 좌파 대안의 프로그램적 상상력을 위해서는 어떤 측면에서는 아직 존재하지 않는, 적어도 그 아이디어의 요체가 아직 널리 이해되고 수용되고 있지 않은 이론이 필요하다고 할 수 있다. 그러나 좌파는 그런 이론이 부상하고 발전하여 설득력을 갖게 될 때까지 기다릴 수가 없다. 좌파는 본인들이 원하는 지적인 발전 방향을 그 실천뿐만 아니라 제안으로 내놓아야만 한다.

"좌파는 무엇을 제시해야 하는가?"

이 제목으로 책의 초판이 출간된 이후, 이런 프로그램이 절실히 필요하다는 점을 부각시키고 그 초점을 예각銳覺적으로 밝혀 주는 세 가지 사건이 발생했다.

그 첫 번째가 바로 세계 금융위기와 경제위기다. 이 위기에 관한 토론에 등장한 사고들은 그 이론적 빈곤이 매우 심각했다. 이미 쇠락하고 사장死藏된 케인스학파의 이론이 현재의 침체를 이해하고 극복할 흐릿한 구원의 불빛으로 등장했다.

북대서양 세계에서 진행된 경제위기에 관한 논쟁은 도산 위기에 처한 은행의 구제, 금융시장의 규제, 그리고 확장적 재정 통화정책의 채택 등 중대하지만 상대적으로 제한되고 좁은 관심사에 지배되었다. 세계경제의 구조적 불균형에 맞서 이를 극복할 필요성, 금융과 생산 관계를 조절하는 구조를 재구축할 기회, 경제의 회복과 재분배를 동시에 실현할 연결고리 모색의 중요성 등 더 근본적이라 할 세 가지 논점은 거의 묻혀 버렸다.

이 심층적인 각각의 의제들에 대해, 지금의 현실 시장경제가 굴러가는 방식에서 최소화의 변화를 낳는 대응 방안을 제시할 수도 있다. 그러나 이 문제들을 기회로 삼아 지금의 시장경제를 사회적으로 포용적인 경제성장을 가능하게 하는 더 효과적인 장치로 변화시킬 방안을 제시할 수도 있다. 지금 공백 상태에 있는 재건 좌파의 과제와 기회는 후자의 대응 방안을 제시하고 전자와 싸우는 데 있다.

현재의 시장경제 하에서는 기업의 유보이윤으로부터 확보되는 자기 자본을 토대로 대부분 생산이 이루어진다. 그렇다면 은행과 주식 시장의 그 돈들은 어디에 쓰이는 것일까? 본래 생산과 소비 자금을 조달하도록 조성된 이 돈들은, 실제로는 사회의 생산적 의제와는 매우 일시적이고 우회적으로만 연결되어 있다고 할 수 있다. 지금 우리는 이 저축이 갖고 있는 대부분의 생산적 잠재력을 금융이라는 이름의 카지노에 낭비되도록 방치하고 있는 것이다.

금융시장을 규제하는 것은, 금융과 생산 부문의 관계를 재구축하는 광범위한 시도의 출발점이 되어 장기적으로 저축이 생산적 용도로 사용될 수 있게 할 것이다. 이러한 재구축은 시장경제의 제도 형태에 관한 더 광범위한 규모의 실험을 촉발할 것이며, 이는 다시 더 큰 포용과 기회의 장을 열어 줄 것이다.

경제 회복과 재분배는 동시에 실현이 가능하다. 현 금융위기의 진원지라고 할 미국에서 20세기 후반 반세기에 걸친 대량소비시장의 팽창은 소득과 부의 지속적이고 진보적인 재분배를 낳는 데 실패했다. 제2차 세계대전 이후 한 차례 진보적인 재분배가 이루어지기도 했으나, 20세기 마지막 10년 동안 미국에서 부와 소득의 집중 현상은 극심했다.

이러한 부와 소득의 극심한 집중 속에서 어떻게 대량소비가 가능했던 것일까? 이 의문에 대한 답의 일부는 과대평가된 주택증권을 담보로 설정함으로써 가능해진 가계부채에 있다고 할 수 있다. 소득과 부의 진보적 재분배 대신에 신용의 허구적 민주화, 즉 재산소유제 민주주의를 대신하여 신용민주주의가 이루어졌다. 지금의 위기는 이러한 취약한 대체 방식을 거부하고 경제 회복과 재분배 사이의 연계를 주장할 기회를 제공하고 있다.

좌파가 어떤 새로운 제안을 갖고 있다면 이 위기는 한때의 문제로 끝날 수 있지만, 어떠한 프로그램도 제시하지 못하면 이 위기는 다시 한 번 좌파의 지적·정치적 실패를 재확인하는 계기가 될 것이다.

두 번째 사건은 세계 최강국에서 일어난 정치적 방향의 변화이다. 미국은 지금 변곡점에 서 있다고 할 수 있다. 새 행정부는 아마도 극히 제한된 이상과 열망의 지평 안에서 움직이려 할 것이다.[3] 하지만 하부의 사회는 매우 조급하게, 이렇게 시야가 제한된 정부의 이상과 열망이 실행해 낼 수 있는 것 이상을 요구할 것이다.

20세기 후반 50년 동안 미국 정치에서 보수 세력이 오랫동안 우위를 차지할 수 있었던 조건 중 하나는, 타성에 젖은 진보 정당인 민주당이 프랭클린 루스벨트를 계승할 신뢰할 만한 후속편을 제공하지 못한 데 있다. 즉, 백인 노동자계층 다수의 필요와 열망을 충족시켜 주지 못한 데 있다. 이 같은 대안 부재 상황에서 보수 세력이 부유층의 물질적 이익을 용인해 주면서 돈 없고 빚만 진 저소득 계층의 도덕적 불안에 응답하는 정책을 결합시키는 데 성공했기 때문에 보수 세력이 득세할

---

3 이 책이 출간된 2009년에 버락 오바마 대통령의 1기 행정부가 꾸려졌다.

수 있었다고 짐작해 볼 수 있다.

　이제 미국 진보정치의 두 개의 주요한 전통과 단절하는 새로운 진보적 입장을 수립해야 할 때이다. 첫 번째 전통은 집중된 경제권력으로부터 소규모 소유와 소규모 기업을 보호해야 한다는 사고이고, 두 번째 전통은 강한 정부가 대기업을 수용하되 규제해야 한다는 사고이다. 이제 우리가 새롭게 목도하는 세 번째 전통의 핵심은, 시장과 민주주의를 정의하는 제도적인 틀 모두에서 혁신을 이루어야 한다는 것이다.

　이러한 변화는 제도 개혁뿐 아니라, 제도에 대한 인식의 변화를 필요로 한다. 다시 말해, 미국인들은 거의 언제나 기존 제도에 안주해 실험을 꺼려 온 자세를 버려야 한다.

　이제는 그들의 정치문화를 얼룩지게 해 온 그들 제도에 대한 맹목적 숭배를 그만두어야 한다. 즉, 그들이 공화국 창건기에 자유로운 사회라는 이상을 실현할 필수적인 공식을 발견해 냈다는 믿음, 그렇기 때문에 외부의 위협이나 경제난 같은 위기 상황의 압박에 시달리는 경우에나 이 공식을 수정하기만 하면 된다는 믿음, 궁극적으로 미국 밖의 인류가 이 공식을 받아들이고 순응하지 않으면 가난에 시달리고 독재 체제로 전락하고 말 것이라는 믿음을 이제는 버려야 한다는 말이다.

　그렇다면 오늘날 고대하는 대안의 목소리로 말할 수 있는 좌파는 어디에 있을까? 이 책의 초판이 출판된 이후에 벌어진 세 번째 변화는 앞에서 언급한 다른 두 가지 변화에 비해서는 그리 큰 변화가 아닐 수 있다. 그러나 좌파에 갖는 함축과 세계에 미치는 결과를 볼 때 그 변화의 영향력은 결코 작은 것이라고 할 수 없다. 그 변화란 바로 중국・인도・러시아・브라질 4개국이 점차 자신들을 자각하고, 그 힘을 증대시키며 공동보조를 취하고 있는 것이다. 이들 4개국의 인구와 GDP 총합은 전 세계 인구와 GDP의 40퍼센트를 차지하며, 4개국의 국토를 합치면 전 세계 영토의 28퍼센트에 이른다.

이들은 순순히 계속해서 지금의 시장경제 형태나 기존의 세계화 물결에 몸을 맡기려고 할까? 아니면 반역을 꾀하여 그들이 주도 아래 좌파 대안을 각인시키는 세계정치를 일깨우려 할까?

제2차 세계대전 이후에 형성되어 20세기 후반세기 내내 전 세계정치경제를 지배한 체제는 전반적으로 전 세계에 걸쳐 매우 협소한 제도적 가능성의 깔때기만을 제시했을 뿐이다. 이 체제의 열광적 지지자들은 당시 지배적인 사고에서 제시하고 예언하던 제도적 수렴을 마냥 기다리지 않았다. 그들은 개방된 세계경제를 실현함과 동시에, 국가 간 평화와 안보 유지의 전제 조건으로 제도적 수렴을 구축하고 가속화하고자 분투했다.

그러나 이제 인류는 그들이 만들어 놓은 공식에 반대해야 할 이유가 분명히 존재한다. 사회적으로 포용적인 경제성장이라는 목표를 포함해 오늘날 많은 사람들의 지지로 크나큰 권위를 얻은 목표들을 달성하기 위해, 우리는 그들이 만들어 놓은 제한된 제도적 대안 틀을 확장할 필요가 있다. 경제적 개방과 정치적 안전이라는 이름으로 어떤 제도적 공식을 강요하려는 사람들은 그 공식에 반대하는 이들을 개방과 안전의 적대자로 바꾸어 놓을 위험이 있다.

이 문제가 가장 여실히 드러나는 분야가 바로 세계무역체제이다. WTO(세계무역기구)의 깃발 아래 세계무역체제는 제도적 최대주의의 방향으로 진화하여, 무역 당사국에 시장경제에 대한 헌신을 넘어 특정한 시장경제 형태에 대한 순응을 강제하기에 이르렀다.

예를 들어, 현 체제는 대부분의 무역협정 체결에서 '보조subsidies'라는 항목을 가지고, 영국 정도를 제외하면 현재의 부국들이 과거에 부자가 되는 과정에서 늘 사용했던 거의 모든 형태의 정부와 기업 간 전략적 조정을 금지하고 있다.

다른 많은 예들 중 유사한 사례를 한 가지 더 들어 보면, 현 체제의 세계무역 규칙은 인류의 비교적 최신 발명품이라고 할 지적재산권과 특허제도를 시장경제 정의 안에 집어넣었다. 이는 인류에게 엄청난 가치가 있는 수많은 기술들을 소수의 다국적 사기업의 수중에 넘겨주는 행위다. 공익적 차원에서 보면 이처럼 인류에게 가치 있는 기술들은 혁신을 독려하고, 자금을 지원하고, 조직화할 방법을 모색하고 장려해야 한다. 그러려면 현행 특허법의 소유독점적이고 배타적인 방식에 의존해선 안 된다.

개방된 세계무역이 오늘날과 같은 방식으로 조직화될 필요가 없다는 것은 이전의 GATT(관세 및 무역에 관한 일반 협정) 체제의 특징이었던 제도적 최소주의에서도 볼 수 있다. 이전 체제에서는 경제개방의 최대화와 제한 부과 규칙—특히 시장경제를 조직화하는 방식에 대한 규칙—의 최소화가 조화를 이루는 것을 원칙으로 삼았다.

브릭스BRICS⁴ 국가들은 제도적 최소주의가 보편적인 자유무역의 기본 원칙으로 자리 잡는 데 큰 역할을 했다고 할 수 있다. 이 국가들은 제도적 최소주의에 대한 견해를 공유하고, 더 나아가 이 체제가 작동하도록 힘을 실어 주는 데에도 작지 않은 역할을 했다.

전 세계 사람들은 대안과 대비, 다양성과 실험, 일탈을 허용할 더 많은 공간을 열망하고 있다. 이 열망은 권력과 비전으로 뭉친 더 큰 다원주의를 지향하는 국제 정치경제 구도를 재구축하지 않고서는 충족될 수 없다.

이 재구축 노력은 브릭스 국가들이 타진해 본 적이 거의 없는, 그 잠재적 저항 면에서 자연발생적인 우호 세력이 있다. 좌파 대안은 이러한 잠재적 저항 입장을 해석할 하나의 전망을 제공할 수 있다. 만약 좌파 대안이 중국 · 인도 · 러시아 · 브라질로 이뤄진 현 세계 체제에 대한 저항 세력과 연합한다면, 그 대안은 국지적이고 일국적인 이단의 취합이 아니라 보편적 이단으로 떠오를 수 있다. 그러면 그것은 세계 정치에서 하나의 운동으로서 대안을 만들어 낼 것이다.

---

4 브릭스BRICS는 브라질Brazil, 러시아Russia, 인도India, 중화인민공화국China, 남아프리카공화국South Africa을 통칭하는 말로서 이 국가들은 2002년 상호 무역과 협력 조약을 맺었다. 2010년 12월 24일 남아프리카공화국이 브릭스의 5번째 정규 회원이 되기 전까지는 브릭BRIC으로 통칭되었다.

하지만 저마다 자국에서 자연발생적인 적대 세력을 안고 있는 중국·인도·러시아·브라질에서는 현 세계 체제에 대한 저항 의지가, 결코 완전히 억제되지는 않았더라도 상상력의 붕괴로 금지된 꼴이 되고 말았다. 특히 중국[5]과 러시아에서 이 같은 상상의 실패는 민주주의를 거부하면서 더욱 악화되었다.

중국·인도·러시아·브라질은 전 세계가 그러하듯, 북대서양 민주주의의 정치경제적 및 학문적 권위에 기대는 관념들을 거부하지 않고서는 글로벌 다원주의와 국민적 재건을 동시에 구현하는 것이 불가능하다는 점을 증명해 왔다. 브릭스 각국에 퍼져 있는 지적인 종속은 그들이 현 세계질서에 직면해 느끼는 체념의 놀랄 만한, 가장 가까운 원인이 되고 있다. 그러나 이 4개국의 국익이 좌파 대안과 연합하는 경우, 전 세계의 상황은 결정적으로 달라질 것이다. 사상과 정치의 결합, 이론과 실천의 결합을 통해 양측은 연합할 수 있다.

오늘날 이 책이 제안하는 바와 같은, 지금의 현실과는 동떨어진 사회적 재건을 주장하면, 사람들은 흥미롭기는 해도 너무나 이상주의적이라고 여길 것이다. 그러나 사람들은 현실에 근접한 제안을 내놓아도 실현 가능하지만 진부하다고 말할 것이다.

이런 분위기에서라면, 대안으로 제시되는 모든 제안들이 너무 이상

---

5 중국에서 시진핑의 영구집권을 위한 헌법 개정이나 홍콩에서 중국 본토로의 범죄자 인도 법안(송환법)을 통과시키기 위해 중국 당국이 개입한 사태 등이 이를 잘 말해 준다. 중국 송환 반대에서 시작한 홍콩의 시위는 송환법 철회뿐만 아니라 행정장관 직선제를 요구하는 민주화운동으로 발전했다.

주의적이거나 너무 진부하다는 이유로 기각될 가능성이 농후하다. 이 딜레마라고 할 것도 없는 허구적 딜레마는 전환의 정치학의 도구로서 사용되는 프로그램적 상상의 역할을 잘못 이해한 데서 비롯된다.

프로그램적 상상은 청사진을 제시하는 것이 아니다. 그것은 미래로 가는 경로에 관한 이야기다. 건축이 아니라 이야기다. 이 제안을 구성하는 두 가지 중요한 요소는, 첫째 우리가 움직여야 할 방향을 제시하는 것이고, 둘째 현재 우리 위치에서 그 방향으로 옮겨 갈 첫 단계를 정의하는 것이다. 그러므로 지금 우리의 현실과 비교하여 매우 가까운 상황이든 매우 먼 상황이든 그 어느 것이라도 생각해 볼 만한 가치가 있는 지점으로 제안할 수가 있다.

우리가 프로그램적 사고의 두 번째 중요 요소라고 생각하는 '다음 단계의 선택' 문제를 제외하면, 현 상황에 대한 근접성보다는 경로 설정이 더 중요한 문제이다. 우리가 중요하게 생각하는 실현 가능성이란, 몽상적인 가능성이 아니라 가까이 있는 가능성, 즉 뭔가 움켜쥘 만한 실재가 있는 것으로 얼마나 접근할 수 있는지, 우리가 설정한 바람직한 방향으로 옮겨 가도록 배치될 그러한 가능성을 말한다.

우리의 프로그램적 논변을 힘들게 하는 이 허구적 딜레마에 가중되는 또 다른 문제가 있다. 왜 그리고 어떻게 이 대규모의 조직 및 의식 체계가 역사적으로 변화하는지를 설명한다고 공언하는 세계 ─ 역사적 담론들을 더 이상 믿지 않게 되었다는 점이다. 우리는 구조적인 단절을 경시하거나 부정하는 현대의 실증주의적 사회과학으로부터는 이 구조적인 변화와 관련한 어떠한 이해도 얻을 수 없다.

이처럼 통찰력을 잃어버린 상태에서는 속류화된 현실주의를 기준으로, 다시 말해 현실 근접성이라는 기준으로 퇴보할 수밖에 없다. 이 기준에 따르자면, 제안이라는 것은 현재 사회가 조직되고 있는 방식에 근접하는 수준에 머물러야만 현실적이라고 할 수 있다.

프로그램적 상상이 마비된 상황에서는 현 세계질서로 정해진 협소한 제도적 틀 안에서 미국식 경제적 유연성과 유럽식 사회보호의 혼합이 최선책이라는 잘못된 믿음을 고취하는 수밖에 없다. 그래서 이런 선택이 우리 현대사회의 숙명이며, 이 선택의 레퍼토리를 확장하려는 시도는 운명을 거스르는 반역일 수밖에 없게 된다.

오늘날 좌파 정체성의 핵심은 다름 아니라 이러한 반역을 주장해야 한다는 것이며, 이러한 시도를 통해 보통 남녀들에게 더 원대한 삶을 위한 더 나은 기회를 부여하는 데 기여해야 한다는 것이다.

2009년 6월

로베르토 웅거

제1장

대안이 없다는 독재

세계는 "대안이 없다"는 독재 아래 고통받고 있다. 어떤 이념도 그 자체로는 이 독재를 전복시키기에 무력하다. 그러나 이념 없이는 이 독재를 전복시킬 수 없다.

전 세계 사람들이 자기 나라의 정치가 진정한 대안을 제시하지 못하고 있다며 불만을 터트리고 있다. 대안이란 무엇보다 모든 사람에게 더 나은 기회, 즉 우리 삶에 물질적 필요조건뿐 아니라 도덕적 필요조건을 보장해 줄 수 있는 기회, 일할 수 있는 기회 및 일할 수 없을 때에는 돌봄을 받을 수 있는 기회, 공동체 및 자기가 사는 사회의 일에 참여할 수 있는 기회, 사는 동안 가치 있다고 생각하는 일을 할 수 있는 기회를 제공한다는 이전의 진보적 관념에 새로운 의미, 새로운 활력, 새로운 효력을 부여하는 것이다.

이 짧은 지면에서 우리가 나아가야 할 길을 제시할 수 있을까? 부국을 위한 길과 빈국을 위한 길 사이의 유사성 및 차이를 보여 주면서 그렇게 할 수 있을까? 나는 그렇게 할 수 있다고 생각한다. 할 수 있을 뿐만 아니라, 간결하게 제시할 수 있어야 한다는 것이 내 생각이다.

오늘날 우리는 프랭클린 루스벨트[1]처럼 되려고 하는 사람이나 어떻게 할 줄도 모르는 사람들에 의해 세계 각국이 통치되고 있는 것을 목격하고 있다. 대기업 이익에 봉사하는 사람들에 의해 지배되는 나라도 많은데, 그들은 루스벨트가 되려는 이들에게 버림받고 배반당했다고 느끼는 근로대중 다수의 필사적이고 전도된 원한을 이용하기도 한다. 자칭 진보주의자들은 필연적인 것의 교화를 추구하는 이들로서 당대 역사 무대에 등장한다. 그들이 내건 프로그램의 가치는 평가절하되어 보수파 적수들의 프로그램으로 변모된다. 그들은 투항을 마치 종합인 양 위장하는데, 경제적 유연성과 같이 가는 사회적 통합 프로그램이 그런 것이다. 자칭 진보주의자들이 말하는 "제3의 길"이란 사탕발린 제1의 길이다. 이 길에서는 어떤 발본적 기회 확대도 실현하지 못한 실패를 보상적 사회정책과 사회보험이라는 감미료로 메운다.

대재앙을 안겨 준 20세기의 이데올로기적 모험들은 과거가 되어 버렸다. 고전적 자유주의나 사회주의같이 세계적 권위를 가진 대안적 글로벌 이데올로기는 아직 나타나지 않았다. 그리하여 우리는 부유한 북대서양 민주주의와 그쪽 대학들에서 나오는 관념들과 연관된 이데올로기 장치들과 다투지 못하는 상황에 놓여 있다. 세계 지성들의 이 놀라운 침묵과 공고한 미국 우위 속에서, 소란스런 질서가 전 세계를 덮치고 있다. 세계 곳곳에서 국지적으로 일어나는 전쟁들은 슈퍼 강

---

1 프랭클린 루스벨트의 개혁(뉴딜) 및 그 계승자들에 대한 웅거의 평가는 이 책 9장 참고.

국이 자국에 도전하는 자들을 상대로 벌이는 응징적인 성격의 원정이
거나, 전제 정부의 속박 아래 분열된 국가들에서 보듯이 극단적 억압
과 절망적 저항의 산물 같은 것이다. 그러나 여러 나라들의 국내 경제
관리 수단이나 나라 간 경제조절 수단을 고려할 때, 1930년대에 일어
난 대공황 같은 규모의 경제적 붕괴가 일어날 것 같지는 않다.[2]

카를 마르크스를 비롯한 유럽의 위대한 사회이론가들은 불가피한
갈등과 다가올 기회를 예고하는 사회의 내부 동학을 전환transformation의
주요 요인으로 파악했다. 이 사상가들은 오류를 범했다. 이들의 사고
에서는 전쟁과 경제적 붕괴가 전환을 초래하는 주요 지렛대였다. 즉,
예측 불가능하고 통제되지 않는 파국이 개혁의 산파 역할을 수행한다
고 생각했다.

반면에, 새로운 상상력이 해야 할 과업은 그런 식의 위기 없이 위기
가 하는 역할을 수행하는 것이다. 그런데 세계적인 명성과 영향력을
보유한 부자 나라들의 고고한 학술문화는 이 작업의 수행을 가로막는
세 가지 사상 경향의 통제를 받아 왔다. 이 세 경향의 신봉자들은 종종
상대방을 적대자나 경쟁자로 여기지만, 사실 그들은 동업자들이다.
사회과학, 그중에서도 가장 강력한 경제학 분야를 지배하는 경향은
합리화 경향이다. 이 경향은 현재 부자 나라들에 구축된 제도적·구
조적 배치의 우월성이나 필연성을 입증하는 것으로 당대 사회가 돌아

---

2 웅거는 2008년 미국발 세계경제 위기를 예상하지 못했다. 하지만 2008년 위기 발발 이후에 쓴
   독일어판 서문에서, 웅거는 세계금융 위기가 자신의 생각을 입증해 준다고 말하고 있다.

가는 방식을 설명한다. 정치철학과 법이론 같은 규범 담론에서는 교화教化humanization가 지배한다. 이 담론이 하는 일은 국가에 의한 보상적 재분배 같은 실천을 정당화하거나, 비정한 정책과 원리의 저장소로서 법을 이상화하는 것인데, 이는 극빈자나 최약자들 삶의 가혹함을 조금 덜어 주는 데 그칠 뿐이다. 이에 따라 가장 칭송받는 정의의 이론들은 오늘날 보수적 사회민주주의가 채택한 재분배적 조세-이전지출 관행을 형이상학적으로 변론하는 겉치레 역할을 수행한다. 이런 식으로 교화자들은 자신들이 변화시키거나 재구축할 줄 모르는 것들을 마사지하고 싶어 한다. 인문학에서는 현실도피주의가 그들의 일과다. 그들의 의식은 실제 생활의 재창조와는 단절된 모험의 롤러코스터를 타고, 우리는 사슬에 묶인 채 노래하도록 배우고 있다. 대학문화에서 이 같은 합리화, 교화, 도피 경향 간의 은밀한 파트너십은 통찰력도 희망도 없는 실제적인, 정치적 사고방식의 길을 열어 놓고 있다.

미국의 사례를 보면, 줄곧 미국 진보주의자들의 도구였던 민주당은 루스벨트의 프로그램을 이어 실천적이고 매력적인 후속편을 만들어 내거나, 경제적 파탄과 세계대전의 부재를 개혁의 자극제로 활용하는 데 실패하였다. 미국 백인 노동자계급의 다수는 민주당원들이 선호하는 정책들(적어도 공화당원들이 지지하는 정책과는 다른)이 소수 부유층과 다수 빈곤층 사이의 어떤 공모 작품이라고 생각하는데, 이 공모란 부유층은 도덕적 이해를 추구하고 빈곤층은 자신의 고유한 가치 및 이익을 희생하는 대가로 물질적 이해를 추구한다는 것이다. 그들은 자칭 진보주의자들이 선호하는, 위축된 정부 활동으로는 그들의 이해가 대변되지 못한다고 여긴다. 오히려 가족이나 종교 같은 것에서 멀어짐으로써 그들이 지향하는 이상이 손상된다고 믿는다. 그러니 차라리 연방정부 규모를 축소하여 이 백인 노동자계급의 손실을 줄여 주는 것이 더 나아 보인다.

미국 같은 지배적인 세계권력 내부에서 스스로를 "중간 계급"이라고 여기는 다수의 백인 노동자계급과 이 계급의 챔피언이 되려는 이들 사이의 단절이 가져오는 결과는 전 세계에 치명적이다. 그 결과는 현대사에서 유례없이 상황을 악화시키는 것이다. 이전 19세기 세계화 시기에 영국 등 유럽 열강들은 지금 미국이 누리고 있는 것에 못 미치는 지배력을 행사했는데, 이때 전 세계에 반향을 일으킨 이데올로기 논쟁들은 최선진국들 내에 반영되고 또 정착되었다. 반면에 오늘날의 패권 권력은 인류의 나머지에게 상상의 유대감조차 갖고 있지 않다. 패권 권력의 지도자들과 사상가들, 그리고 대중은 자신들이 축복받았다고 믿는 것과 동일한 제도적 공식으로 수렴되지 않는 한, 세계는 계속해서 위험하고 가난하고 자유가 없을 거라고 생각한다.

미국인이 향유하는 물질적 풍요와 개인적 공간을 흠모하는 나머지 인류는 평화의 전제가 투항이라면 결국 선택은 전쟁뿐이라는 생각을 감추면서 저주로 응답한다. 미국인의 굳건한 믿음, 즉 모든 것이 가능하다는 믿음, 아무리 엄청난 문제라도 작은 조각들로 분해해 하나씩 다루면 해결할 수 있다는 믿음, 보통 사람들도 자기들 안에서 개별적·집단적으로 문제 해결 방법을 고안할 건설적 천재성을 갖고 있다는 믿음은 이제 적절한 실제 표현을 얻지 못하고 있다.

가장 부유하고 가장 자유로운 세계의 일부가 나머지 인류에 대해 두 개의 얼굴을 보여 왔다. 유럽의 사회민주주의는 미국식 모델의 난폭함을 대체할 대안을 제공하는 것처럼 보였다. 세계가 투표할 수 있다면 미국보다는 상상의 나라로서 스웨덴을 택할 것이다. 그러나 그동안 사람들의 마음은 역사적 사회민주주의에서 멀어져 갔다. 유럽식의 사회적 보호와 미국식의 경제적 유연성을 화해시키려는 노력을 위장하고서 사회민주주의는 자신의 많은 전통적 특성들을 차례로 포기하고 높은 수준의 사회적 권리라는 마지막 배수진까지 후퇴하였다.

이같이 내장이 빠진 사회민주주의 버전은 현재 유럽 사회가 안고 있는 문제를 제기할 수 없을 뿐만 아니라, 인류의 희망이 갖는 무게 또한 감당할 수가 없다. 유럽 안에서 지난날의 진보주의자들은 그들의 적수였던 신자유주의 이념에 대해 순치된 숭배자로서 나타난다. 많은 나라에서 그들의 개혁 제안은 유권자들에게 거부당하고 있다. 이 유권자들은 어떠한 진정한 대안도 제시받지 못한 채 정치적·학문적 권위자들로부터 달리 대안이 없다는 이야기를 듣고 있다.

이제 비교적 자유와 번영을 이룬 북대서양 지역을 넘어 그 바깥 세계로 눈을 돌려 보자. 여기서 우리가 보게 되는 것은 나머지 인류에 호소할 수 있는 실현 가능하고 매력적인 대안의 단편 같은 것들, 어떤 기획에서도 또는 일련의 기획에서도 표현되지 않은 대안들의 단편들이다. 최근 수십 년 동안 가장 성공을 거둔 개발도상국 중에서 인구가 가장 많은 두 나라가 바로 바로 중국과 인도이다. 두 나라는 북대서양 엘리트들, 특히 워싱턴과 월스트리트 그리고 미국 대학들이 퍼트리는 보편적 공식에 일정 정도 저항함으로써 성공할 수 있었다. 두 나라는 자신들의 국가 생활을 조직화하고, 경제발전을 그들 나름의 고유한 방식으로 지향하는 조건으로 글로벌경제에 참여하고자 했다.

그러나 가장 성과 높은 제도적 혁신을 이룬 거대 국가 중국에서 이러한 혁신의 범위 및 발전은 일당一黨 지배의 방어에 종속되어 있는 상태이다. 일련의 대안적 사고들이 수행했을 법한 역할은 마르크스주의라는 이미 죽은 물려받은 정통에 무릎을 꿇고, 북대서양의 정치적·금융적·학술적 수도首都에서 이해되고 있는 바와 같이 시장경제라는 새로운 수입 정통에 매료되는 것으로 대체되었다. 결함이 있지만 활기 넘치는 민주주의 나라 인도에서는, 이 같은 수입 정통 교의에 대한 저항이 마치 출구 없는 길을 걸을 땐 서두르지 않는 것이 가장 중요한 일이나 되는 것처럼 느리고 타협적이어서 잘 식별되지 않는 방식으로 일어났다. 세계에서 북반구 선진국의 권고에 가장 잘 순응한 지역인 중남미의 경우, 그들의 상대적 위치는 파멸적으로 쇠퇴하였다.

역사에서 순종으로 보답을 받는 경우는 드물다. 보답은 저항할 때 받는다. 그러나 민주주의의 약속을 이행하려면 어떤 방향으로 저항해야 할까 하는 문제에 이르면 여전히 해답이 없다. 우리는 세계적으로 일련의 국지적 이단들이 보편적인 정치경제적 정통에 이의를 제기하는 상황을 보고 있다. 하지만 오직 보편성을 갖는 이단만이 보편적 정통에 맞설 대항력을 가질 수 있다. 만약 이단이 그 성격과 내용상 국지적이라면, 곤경과 압박의 조짐이 나타나자마자 버림받기 십상이다. 만약 국지적인 이단이 저항할 수 있다고 한다면, 그것은 진보주의자들이 고수하는 민주적이고 실험주의적인 이상에는 냉담한, 종교적인 삶의 방식과 관련이 있을지 모르겠다.

　이제는 세계적으로 보편적 이단이 시장과 정부에 관한 보편적 정통, 즉 현재 프랑스 · 독일 · 러시아 · 브라질 · 남아프리카 할 것 없이 곳곳에서 저항을 불러일으키고 있는 정통에 맞설 필수불가결한 해독제가 되는 듯한데, 이는 실제적인 이유 때문만은 아니다. 불만의 원인 자체가 보편적이기 때문이다. 우선, 경제성장을 삶의 기회를 신장하는 방향으로 착근시키는 데 실패한 것을 꼽을 수 있다. 또 다른 이유는, 불만에 대처하는 기존의 방법이 너무 빈약하고 효과가 없기 때문이다. 경제적, 사회적, 정치적 삶을 조직적으로 개선하겠다며 제시하는 제도적 · 정책적 대안들의 레퍼토리가 너무나 제한되어 있다. 따라서 부자 나라든 가난한 나라든 세계 어디서나 이 제도적 레퍼토리를 확장하고 실천적 진보의 기회를 확대하는 쪽으로 뿌리내리게 한다면, 그래서 한 걸음이라도 더 나아갈 수 있다면, 그 진전은 전 세계 모든 나라에 의미 있는 일이 될 수 있다.

　사회적 통합을 동반하는 경제성장을 실현하려는 시도는 국지적 문제에 대한 국지적 해결책 이상의 제안을 탐구하는 작업과 잘 들어맞는다. 이런 시도는 보편적 이단을 위한 마인드를 갖추는 것이다. 그러나 실천적 진보를 지속적인 기회 확대에 뿌리내리게 하지 못한 것이 오늘날 우리에게 닥친 불행의 유일한 요인은 아니다. 또 다른 강력한 불만 요인은, 바로 정통이 사회를 조직화하는 방식이 다른 나라나 지역들에 주어져야 할 기회들을 부정하는 결과를 가져와 고유한 삶의 형태나 문명 이상의 발전을 가로막는 것이다. 정통은 모든 나라에 현재 북대서양에 확립된 제도와 관행들로 수렴될 것을 요구한다. 뿐만 아니라 그 세계로의 수렴을 위해, 경험과 비전의 심대한 차이들을 정통의 적으로 간주한다. 사회통합적 성장에 대한 탐색과 달리, 다원주의에 대한 요구는 정치경제적 대안이 그 효력과 범위에서 보편적이기를 요구하는 것과 모순되는 것처럼 보인다.

그러나 그렇지 않다. 외견상의 역설은 두 가지 전제를 명확히 하면 해소된다. 첫 번째 전제는, 어떤 국가의 삶의 방식이 아무리 전제적이고 불평등할지라도 그것을 용납해야 한다는 무제한적 다원주의는 우리 목표의 일부분이 될 수 없다는 것이다. 우리의 목표는 자격을 갖춘 다원주의이다. 그것은 개인들이 참여할 수 있는 역량과 의견을 달리할 수 있는 역량을 갖춘 민주주의 세계를 건설하는 것이다. 민주사회가 어떤 모습인지 또 어떤 모습이 될 수 있는지, 이에 대한 단일하고 논쟁의 여지없는 해석은 없다. 민주주의의 이상을 발전시키려면 그 방향이 서로 다르고 심지어 충돌한다 해도 다양하게 발전할 수 있도록 허용해야 한다. 민주주의의 가장 두드러진 특징은, 그것이 우리가 과거로부터 물려받은 것이 아니라 미래에 대한 것이라는 점이다. 민주주의 하에서는 예언이 기억보다 더 큰 소리를 낸다.

사회통합적 성장과 다원주의에 대한 요구 간의 간극을 해소할 두 번째 전제는, 정치적 민주주의나 시장경제 또는 현존 자유로운 시민사회 형태 등 지금 인류가 이용할 수 있는 제도적 해법의 제한된 레퍼토리 안에서는 민주주의의 이상과 부합하면서 동시에 나라별 차이를 발전시킬 수단을 찾을 수 없다는 것이다. 현재의 정치와 경제, 사회를 조직하면서 일어날 특정한 혁신의 집합들이야말로 그 수단이 될 것이다. 지금 전 세계가 진전시켜야 할 진보적 프로그램의 주요 부분인 이 혁신의 집합은, 인류가 민주주의를 토대로 차이를 만들어 낼 능력을 강화시키려 할 때 반드시 통과해야 할 좁은 통로를 정의해 준다. 부자 나라와 가난한 나라 모두가 접근할 수 있도록 이 통로를 규명하는 것, 바로 이것이 이 희망을 품은 선언의 관심사이다.

그러려면 먼저 우리가 대적해야 할 장애물의 성격부터 파악해야 한다. 그러지 않고서는, 그 장애물을 넘어설 때 의지해야 할 힘과 기회들의 성격을 파악하지 않고서는 우리가 앞으로 나아가야 할 길에 대해 이해할 수가 없다.

제2장

좌파의 방향 상실

오늘날 좌파는 대안의 부재, 아이디어 세계의 부재, 주체의 부재, 그리고 위기감의 부재라는 네 가지 분명한 이유 때문에 방향을 상실하고 있다. 이런 부재들과 정면으로 분명히 마주하는 것이 곧 문제 해결의 시작이다. 달리 말하면, 좌파가 무엇을 제안해야 하는지를 재정의하는 것이다.

좌파는 대안을 잃어버렸다. '명령주의Dirigisme'는 길이 아니다. 이미 신용을 잃은, 경제에 대한 정부 지시라는 관념은 지식기반경제로 가면서 더욱 쓸모없어졌다. 보상적 재분배로는 불충분하다. 이것으로는 점점 심화되는 위계적 경제의 분절화로부터 생겨나는 불평등과 불안정, 배제를 향한 거대한 압력들에 대처하기 어렵다. 보상적 재분배는 그 재분배 범위 훨씬 너머에 있는 사회적 단절과 개인적 비참의 문제를 다루기에도 충분하지 않다.

오늘날 좌파는 경제에 대한 정부의 지시나 재분배를 통한 불평등 및 불안정의 약화 이외에는 무엇을 지향해야 할지, 할 수 있는 말이 아무엇도 없는 듯하다. 만약 좌파가 오늘날의 지배구조에 대해 비판적 태도를 천명한다면, 그것은 '국가주의'로 되돌아가자는 말처럼 들릴 수 있다. 그렇지 않고 재분배적 조세와 공공지출 방식으로 전통적인 사회적 권한을 후진 방어하는 데 그친다면, 그 야심의 지평이 급격히 축소됐다는 말을 들을 것이다. 그러면 좌파는 경제성장 및 재정의 제약에 인질로 사로잡혀 문제를 어떻게 풀어야 할지 모르는 처지가 될 것이다.

지금 좌파는 좌파를 뒷받침하는 일련의 아이디어 부재 상태에 처해 있다. 오늘날 사회가 엮여 있는 제도에 대한 관념 및 배치의 좁은 창고를 재검토하고 확장시킬 수 있는 아이디어가 부재하다는 말이다.

오늘날 사회과학과 인문학 전 분야에서 나타나는 지배적인 경향, 즉 합리화, 교화하기, 현실도피주의는 기존의 지배 체제를 재검토하고 이에 도전하는 투쟁에서 상상력을 무장해제하기 위해 서로 공모하고 있다.

사회과학에서는 합리화가 지배한다. **합리화란** 현재의 사회구조가 자연적이고 필연적인 것처럼 설명하는 방법이다. 마르크스주의 같은 고전적 사회이론에서 물려받은 구조적 대안 관념들은 필연성 가정이라는 썩어 가는 시체 속에 휘말려 있다. 그런 가정들은 신뢰를 상실한 지 오래다. 여기에는 인간 사회를 분류하는 목록이 '봉건주의'나 '자본주의' 같은 제도적 옵션밖에 없다. 이 각각의 옵션들은 분할될 수 없는 하나의 체제를 이루고 있어서 그 체제를 구성하는 모든 요소들은 전부 같이 지속되거나 소멸되어야 한다. 그리고 이 체제의 계기적 연속은 불가항력적인 역사법칙에 따른다.

동시대 사회과학은 이 결정론적 믿음을 거부하기는 했어도, 유럽의 고전 사회이론에 활력을 불어넣었던 통찰력을 급진화하는 데에까지는 이르지 못했다. 고전 사회이론의 통찰력이란 이런 것이다. 사회는 주어진 것이 아니라 만들어지는 것이고, 사회와 문화의 구조들은 일종의 동결되어 있는 투쟁이며, 실제적 또는 정신적인 싸움의 봉쇄와 저지로부터 생겨난다. 우리의 이해관계와 정체성은 현실 속에서 그것들을 대변하는 실천과 구조적 배치에 인질로 붙잡혀 있다. 따라서 이러한 실천과 구조를 변화시키고 사회를 개혁하려면 당연히 우리의 이해관계와 정체성도 재해석하지 않으면 안 된다.

확실히 실증 사회과학은 사회가 얼마나 잘 '준최적해準最適解'[3]에 적응하게 되는지 또는 경제가 어떻게 생산억압적 균형에 매이게 되는지 같은 문제를 즐겨 탐구한다. 하지만 실증 사회과학이 불완전성을 탐구하는 도구 자체가 대안을 상상할 수단을 박탈한다는 문제가 있다. 사회과학의 주요한 속임수란, 시간에 따른 경험이 가차 없는 준準다윈적 선별 과정을 통해 비효과적인 것을 도태시킴으로써 어떤 것이 더 잘 굴러가고 혹은 못 굴러가는지를 드러낸다는 것이다. 이 수렴 명제, 즉 오늘날의 사회와 경제는 사회 변용의 좁은 역사적 깔때기를 거쳐 결국 이용 가능한 최고의 관행과 제도의 동일 집합으로 수렴한다는

---

3 suboptimal solution. 이론적으로는 최적해optimal solution를 얻는 것이 가장 바람직하지만, 현실적으로는 그것이 곤란한 경우가 많으므로 종종 준최적해를 대안으로 상정한다. 최적해에 비해 준최적해는 빠르게 도달할 수도 있고 다양한 해법이 존재한다는 장점이 있다.

사고는 단지 이 합리화 편견의 극단적 변형일 뿐이다.

정치철학과 법사상의 규범적 분과학문에서는 교화하기가 지배한다. 여기서 핵심은, 우리가 더 이상 재건할 수 없고 하려고도 하지 않는 세계를 달래는 것이다. 오늘날 이 교화에는 두 가지 주요한 방식이 있다. 그 한 가지가 세금 및 이전지출을 통한 보상적 재분배다. 그것은 사회민주주의의 역사적 시야를 정의하는, 제도적이고 이데올로기적인 타결의 기본 특징이다. 오늘날 정의正義에 대한 가장 영향력 있는 이론들은 이러한 재분배적 실천에 철학적 명성을 빌려 주려고 노력한다. 이 이론들의 외형상 추상성, 즉 그 각자가 역사적 상황을 넘어서는 타당성을 갖는다고 주장되는 추상성은 현대 사회민주주의가 생겨나게 된 20세기 타협의 한계 혹은 굴복을 은폐한다.

또 다른 교화 방식은, 법을 냉정한 권리의 원칙이자 공익을 다루는 정책의 저장소로 이해하는 것이다. 법의 겉포장을 이상적 관념으로 최대한 보기 좋게 꾸미는 방식으로 특권적 이해의 영향을 감소시키고 법 제정의 정치에서 가장 대변되지 못하는 집단의 이익을 옹호하려고 한다. 원칙과 정책으로서 법에 대한 이러한 이상화를 이론화하는 것이 사법 체계의 지배적 스타일이다.

규범적 분과학문에서 이 같은 인간 교화 경향이 가져오는 실제적 효과는, 현존하는 제도적 타결을 발본적으로 재구축하는 쪽이 아니라 정해진 처방에 따른 개선 방식으로 이를 받아들이는 쪽에 이 학문 분야가 서도록 하는 것이다. 이것은 실천적 대안의 상상력을 발전시킬 자원들을 거부하게 만든다.

인문학에서는 **현실도피주의** 경향이 지배한다. 인문학의 고유한 표지는 사회의 실천적 재구성으로부터 단절된 의식 속에서 모험을 선동하는 것이다. 현대 문화에서 모더니즘과 좌파 급진주의 사이의 치명적인 분리는 이 같은 분리의 직접적 선례이다. 사회를 위한 기획과 자아를 위한 기획 사이의 이런 단절 위에서, 우리는 의식의 내면으로 추방된 채 숭고한 것을 사사화privatize한다. 그러면서 정치를 점잖은 품위와 효율의 영역으로 바라보는 가운데 우리의 가장 야심적인 전환 기획을 소망한다.

이 같은 인문학이 주는 비밀스런 메시지는, 개인들이 커질 수 있도록 정치를 작게 만들어야 한다는 것이다. 그러나 정치를 작게 하면 사람도 작아질 수밖에 없다. 소망은 그 성질상 관계적이다. 강한 충동은 공통의 생활 형태로 된 표현을 추구한다. 만약 정치가 식게 되면, 자기파괴적 나르시시즘의 형태로 그 열기를 보존하지 못한다면, 의식도 자연스레 식어 버릴 것이다.

사회과학과 인문학을 지배하는 합리화하기, 교화하기, 현실도피주의 경향의 대변자들은 서로 상대방을 적대자로 여기지만, 사실 그들은 변환의 상상력을 무장해제하는 작업에서 동맹자들이다.

좌파는 주체를 상실한 상태다. 좌파가 그 이해관계와 열망을 대변한다고 주장할 수 있는 핵심 지지층을 보면 말이다. 좌파의 전통적인 지지층은 자본집약적 산업의 조직된 노동력, 즉 마르크스가 말하는 '프롤레타리아'였다. 이 집단은 사회의 보편적 이해의 담지자라기보는, 가면 갈수록 이기적이고 당파적 이해관계로 얽힌 또 하나의 이익

집단으로 보이며 그들 스스로도 그렇게 보고 있다. 세계 거의 대부분의 나라에서 마르크스가 말하는 프롤레타리아는 인구에서 감소하고 있으며, 사양길에 접어든 전통적 대량생산과 운명을 같이하고 있다. 그리고 대부분의 개발도상국에서는 프롤레타리아가 상대적으로 특권적 부분이 되어 있다.

좌파 지도자가 이 부담스런 지지층과 특별한 관계를 유지할 유일한 대안이 있었던 듯한데, 그것은 어떤 식으로 정의되든 특정한 사회적 기반을 버리고 전체 유권자에게 호소하는 것이었다. 좌파 지도자들은 노동계급과의 특별한 관계라는 관념을 그들의 교의가 인가한 좁은 충성심으로부터 구해 내는 데 실패했다. 이 실패의 과정에서 그들은 유리한 셈법뿐만 아니라 환멸에서도 용기를 얻어 왔다. 이제 역사적 기획과 특정 집단의 이해 사이에 일대일 조응관계가 존재한다는 믿음은 신뢰를 잃어버린 필연론적 사고의 전통에 속한다.

지금까지 살펴본 것처럼 좌파에게는 대안, 아이디어 세계, 그리고 사회적 기반이 부재할 뿐 아니라, 고대해 마지않는 위기도 없다. 고전 사회사상의 또 다른 중심적 신조와는 반대로, 현대사에서 사회 변화의 동인은 당대 사회의 내부 모순이 아니라 전쟁이나 경제 붕괴와 같은 외부적 트라우마였다. 변화를 겪은 사회들의 정치적·경제적 제도에서 우리의 일상적인 맥락보존적 활동과 비일상적인 맥락전환적 활동 간에는 거리가 한참 벌어져 있다.[4] 그래서 좌파의 경우에도 이 제도

---

4 맥락context은 웅거 사회이론의 핵심 용어 중 하나다. 웅거는 변화에 대해 폐쇄적이고 경직적

들의 전환은 지속적으로 재난에 의존해 왔다. 오늘날 사회민주주의를 정의하는 제도적·이데올로기적 타결은 1930년대의 경제대공황과 그에 이은 세계대전의 모루 위에서 만들어진 것이다.

위기는 정치의 온도를 높이고, 이해관계와 정체성에 관한 얼어붙은 정의들을 녹이는 데 도움을 준다. 위기가 없으면 정치는 식어 버리고 그 대신에 타산이 군림한다. 이해관계나 이상에 대한 통상적 이해에 의존하는 형태로 말이다. 현재 좌파는 위기의 도움을 받지 못한 채 그저 보수적 적수의 프로그램이 가져오는 사회적 결과를 누그러뜨리는 현상 유지책에 묶여 있는 것처럼 보인다.

냄새가 배여 있는 '구조'라는 용어 대신에 변화와 인간 자유에 대해 열려 있는 의미를 담고 있는 '맥락'이라는 용어를 사용한다. 맥락은 제도적일 뿐 아니라 상상적 측면을 갖고 있다. 구성원들의 변화 요구에 대한 맥락의 수용력 여부에 따라 맥락의 고착화와 탈고착화라는 용어가 사용된다. 그리고 인간 주체의 활동은 맥락보존적 활동과 맥락전환적 활동으로 구분된다. 맥락보존적 활동은 일상적 활동인 데 반해, 맥락전환적 활동은 비일상적인, 실제적 혹은 상상적인 갈등이 일어나는 활동이다. 여기서 두 활동 간의 간극을 좁히면서 전방위적으로 맥락전환적 활동과 실험을 확장하는 것이 진보 대안의 과제로 제기된다.

제3장

좌파의 재정립

그럼에도 불구하고 대안은 있다. 이 대안을 상상할 수 있는, 그 기초가 되는 일련의 아이디어가 존재하고, 대안을 담당할 수 있는 실질적 사회세력이 존재한다. 그리고 상황이 제공하는 전환의 기회를 포착하면서, 변화를 일으킬 조건으로 위기를 수반하지 않고서도 대안으로 갈 수 있는 길이 있다.

대안의 핵심은 사회적 포용과 개인의 역량 신장을 정치, 경제, 사회생활의 제도 속에 구현시키는 것이다. 사회 세계를 교화시키는 것으로는 충분하지 않다. 사회 세계를 변화시킬 필요가 있다. 사회 세계를 변화시킨다는 것은, 사회민주주의의 현재 지평을 정의한 20세기 중반의 타협이 처음 형성되었을 때 물러섰던 생산과 정치를 다시 한 번 새롭게 재구축하는 노력에 투신하는 것을 의미한다. 새로운 대안은 시장경제, 대의민주주의, 그리고 자유로운 시민사회라는 우리에게 익숙한 제도 형태를 훨씬 더 넓은 제도적 가능성의 집합 속에 존재하는 하나의 부분집합으로 간주하는 것을 의미한다. 그것은 시장 지향과 정부 지시라는 이분법을 우리 이데올로기 논쟁을 조직화하는 중심축으로 삼는 것을 거부하고, 이 이분법을 경제적·정치적·사회적 다원주의를 조직화하는 방법들 간의 논쟁으로 대체하는 것을 의미한다. 그것은 더 큰 평등과 사회적 포용으로 가는 길이 세금과 이전transfer을 통한 사후적 재분배에 의존하는 것이 아니라, 경제성장과 기술혁신의 조직화된 논리 속에 뿌리내리게 됨을 의미한다. 그것은 시장경제를 민주화하는 것을 의미한다. 이는 시장경제를 현재 형태로 그냥 둔 채 단지 규제하거나 사후적 이전을 통해 그 불평등을 보상하는 것이 아니라, 시장경제를 정의하는 장치를 혁신시킴으로써 민주화하는 것이다. 그것은 의심 없이 수용되는 시장 거래의 틀 속에서 생산요소들을 자유롭게 재결합시키는 경제 논리를 급진화시킴으로써 시장의 실험적 논리를 급진화시키는 것을 의미한다. 이 변화 시도의 목표는 생산과 교환제도를 구성하는 구조를 갱신하고 재구성할 더 깊은 자유이며, 그리하여 대안적인 재산권과 계약제도들이 동일한 경제 안에서 실험적으로 공존할 수 있게 하는 것이다. 그것은 역량 신장을 사회정책의 최우선 목표로 삼는 것을 의미한다. 이 역량 신장은 직업 특수적 숙련보다는 일반적generic이고 개념적이며 실제적인 능력의 발전을 목표로 하는 교육 형태를 근거로 발전하게 된다. 그것은 또 사회적 상속 원칙을 일반화해 개인들에게 각자의 인생 전환점에서 쓸 수 있는 최저기본몫basic minimum stake을 보장함으로써 발전한다. 그것은 사회적 연대의 실천적인 조직화와 정치적 민주주의의 심화라는 문맥 속에서 시장경제의 민주화를 진전시키는 것을 의미한다. 그것은 결코 사회적 연대를 단지 금전적인 이전으로만 환원시키지 않음을 의미한다. 사회적 연대는 그것이 가질 수 있는 유일하고도 확고한 토대 위에 서야 한다. 즉, 인민들이 서로에게 느끼는 직접적 책임이 그것이다. 이런 책임은 모든 일할 수 있는 성인이 생산체계 안에서는 물론이고, 사람이 다른 사람을 돌보는 돌봄경제 부문에서 자신의 자리를 갖는다는 원칙으로 실현될 수 있다. 그것은 고에너지의 민주적 정치제도를 수립하는 것을 의미한다. 고에너지의 민주적 정치제도는 다음과 같은 것들을 포함한다. 정치에서 조직화된 민중의 참여 수준을 항구적으로 높이는 것, 정부 부처 간의 고약한 진퇴양난 상황을 재빠르고 단호하게 처리하는 과정에 유권자나 정당들을 참여시키는 것, 평상시의 정치경제적 주도 형태로는 빠져나올 수 없는 참혹하고 국지화된 불이익 상황으로부터 사람들을 구출할 수 있도록 정부가 제 기능을 갖추게 하는 것, 특정 부문이나 지역이 일반적 법제도의 제약에서 벗어나 자기 사회 미래에 대한 다양한 이미지들을 발전시킬 수 있도록 허용하는 것, 그리고 직접민주주의와 대의민주주의의 특징들을 결합하는 것 등이다.

이런 좌파주의를 이끄는 충동은 단지 불평등과 사회적 포용을 재분배 방식으로 뒤섞는 것이 아니다. 그것은 국가와 경제의 점진적이면서 누적적인 재구성 토대 위에서 평범한 사람들이 누리는 권력을 신장하고 기회를 확대하는 것이다. 그 모토는 사회의 교화가 아니라 인간성의 신성화神聖化이다. 여기에 숨어 있는 가장 깊숙한 사상은, 우리의 미래는 건설적 상상의 대의를 가장 신뢰 있게 대변하는 정치적 힘에 속한다는 것이다. 또, 모든 사람이 새로움을 항구적으로 창조하는 권력을 공유하는 것이다.

이 건설적 힘이 이익을 독차지하고 있는 엘리트들의 수중에 집중되도록 내버려 두지 않고 모두가 그 건설에 동참할 수 있는 형태로 새로운 것을 제시할 때, 그때 비로소 좌파는 그들의 열망에 충실할 수 있다. 그리고 통상적 사회민주주의가 항상 그 권위와 지속성에 묵종해온 생산·정치·사회생활의 제도적 틀을 다시 고민하여 재구성하는 방법을 배울 때, 비로소 좌파는 이 작업에 성공할 수 있다. 그러므로 이 대안은 노스탤지어적인 국가지향 좌파주의만큼이나 사회민주주의의 신자유주의적 버전으로부터도 거리가 멀다.

이 대안의 특성은, 부자 나라와 가난한 나라를 모두 포함해 광범위하게 적용될 수 있는 제도적 구상들을 갖고 있다는 것이다. 그 구상은 여러 상이한 국가적 상황에 맞게 적용될 필요가 있다. 그렇다고 해서 그 적실성과 호소력의 광범위함이 부정되는 것은 아니다. 이 구상들의 일반적 적용가능성은 지금 시장과 세계화라는 이름으로 세상에 퍼져 있는 보편적 정통에 반격을 가할 보편적 이단의 가능성과 필요성을 모두 설명할 수 있게끔 도와준다.

이 대안의 구상이 갖는 보편성은 삼중의 토대에 근거한다. 첫 번째 토대는, 실제적 및 정신적인 분야에서 국가들 간의 수세대에 걸친 세계적 규모의 경쟁 및 모방으로 인해 오늘날 각 사회들이 경험하는 것들 간에는 유사성이 존재한다는 것이다. 두 번째 토대는, 대안의 건설 과정에서 손에 넣을 수 있는 이데올로기적이고 제도적인 자원이 매우 제한되어 있다는 것이다. 세 번째 토대는, 현재 전 세계에 걸쳐 하나의 혁명적 신념이 거의 저항 불가능한 권위를 누리고 있다는 것이다. 그것은 가난과 고역뿐만 아니라 복종에서 벗어날 자유를, 그리고 선남선녀를 위해 더 원대한 삶을 약속하는 신념이다.

이 대안에서 오늘날 좌파가 추구해야 할 방향을 정의해 주는 제도적 아이디어는 다섯 가지다.

첫 번째 아이디어는 글로벌한 정치, 경제적 정통에 반대하는 국민적 저항의 성공여부는 어떤 실천적 조건들에 달려 있다는 것이다. 이러한 조건들에는 다음과 같은 것들이 포함된다. 경제 성장의 동학에 대한 좁은 이해가 정당화하는 것보다 더 높은 수준의 국내 저축이다. 현재 조직화되어 있는 자본시장의 안팎 모두에서, 저축과 생산 사이의 관계를 긴밀하게 하는 제도 틀을 찾는 것이다. 이는 저축과 생산의 관계가 제도 편성에 따라 가변적이고 민감하다는 인식에 근거한다. 높은 세금을 선호하며 심지어 역진적인, 거래에 초점을 맞춘 소비세를 통해서라도 이를 달성하고자 하는 의지 등이다. 더 큰 목표는 나라 자원의 더 충분한 활용이다. 이는 전쟁이 없는 전시경제이다.

두 번째 제도적 아이디어는 역량 신장을 위한 사회정책의 견해이다. 이 아이디어로부터 일반적인 개념화 능력과 실제적 역량의 발전을 목표로 하는 초기교육과 평생교육 방식에 관한 공약이 만들어진다. 극히 불평등한 사회에서는 교육 투자와 교육 질의 기초 수준을 보장하는 것만으로는 불충분하다. 재능이 있고 부지런하면서도 집에서 상속받는 것이 별로 없는 청춘들에게 특별한 기회를 보장하는 것이 결정적으로 중요하다. 역량 박탈 문제를 풀 해법으로 이렇게 교육을 활용하는 기획의 초기 목표는, 현재와 같은 계급과 능력주의meritocracy 의 합성을 느슨하게 하는 것이다. 능력주의의 급진화를 통해 계급을 해체시키는 것이 그 다음 목표이다. 궁극적 목표는 타고난 재능의 어쩔 수 없는 격차를 인정하면서도, 포용적 연대와 기회를 추구하는 더 큰 비전에 능력주의를 종속시키는 것이다.

세 번째 제도적 아이디어는 시장경제의 민주화이다. 불평등에 대해서 시장을 규제하거나 사후적으로 보상해 주는 것으로는 충분하지 않다. 시장이 더 많은 방식으로 더 많은 사람들에게 실질적인 것이 될 수 있도록 시장을 더 낫게 재조직하는 것이 필요하다. 거리두기 관계가 특징인 미국 모델도, 관료적 장치를 통한 무역 및 산업정책의 중앙집중적 수립이 특징인 동북아 모델도 이 목적에는 잘 부합하지 않는다. 우리의 과제는 시장을 억압한다거나 시장의 균형을 잡기 위해서가 아니라, 더 많은 방식으로 더 많은 시장들을 조직할 여건을 창출하는 데 국가의 힘을 사용하는 것이다. 그런 시장이 만들어지면 궁극적으로 다양한 재산권과 계약 체계가 존재할 것이고, 그것들이 동일한 국민경제와 세계경제 안에서 실험적으로 공존하게 될 것이다.

시장의 민주화는 생산적 자원과 기회에 대한 접근을 확장하는 주도력을 필요로 한다. 시장 민주화는 노동에 대한 보수를 위쪽으로 끌어올리도록 요구한다. 시장 민주화는 국민소득에서 임금 몫의 하락을 전제하는 어떠한 경제성장 전략과도 양립할 수 없다.

우리의 목표는 경제성장을 가로막는 각종 제약을 뚫는 일련의 지속적인 돌파구들을 만들어 내는 것이다. 각각의 돌파구는 불균형을 낳고, 이 불균형은 경제의 공급이나 수요의 또 다른 측면에서 새 돌파구를 연다. 그리하여 경제적 포용과 역량의 확산 경향을 내장시키는 돌파구와 불균형을 유발하는 것이다. 이 돌파구와 불균형들이 모여 결국 우리를 더 원대하게 만든다.

공급 측면의 제약에 대한 진보적인 개입은 좀 더 작은 야심과 좀 더 큰 야심 사이에서 저울추가 움직인다. 작은 야심이란 신용, 기술, 전문지식, 그리고 시장에 대한 접근을 확대시키는 것이다. 특히 다수의 소기업가나 오늘날 모든 경제에서 유휴 상태에 있는 광대한 건설적 주도력의 원천을 대표하는 기업 지망생들에게 그 접근을 확대시키는 것이다.

더 큰 야심은, 기존 생산 방식이 통상적으로 진행되어온 틀을 넘어서 가장 앞선 생산 방식들을 확산시키는 것이다. 정부와 사회는 생산 조직의 중대한 전환으로 생겨나는 위험에 맞서고 그 기회를 활용하는 방식으로 시장경제를 민주화시켜야 한다. 우리 앞에는 다음과 같은 선택지가 놓여 있다. 감독과 실행 간 대립의 약화, 노동에서 특화된 역할 간의 장벽 완화, 동일한 영역에서 협력과 경쟁의 결합, 그리고 집단적 학습과 항구적 혁신으로서 팀 작업의 수행 등으로 특징지어지는 생산 형태를 세계의 다른 전위부대와 연계하여 특권화된 전위부대에만 국한시킬 것인가, 그래서 자기 사회와의 연계는 미약한 형태로 그치게 할 것인가? 아니면 정부와 사회가 경제 및 사회 전반에 걸쳐 이러한 선진적인 실험적 실천들을 확산시킬 조건들을 창조함으로써 보

통 사람들의 역량과 기회를 성공적으로 광대하게 확장하는 길로 나아
갈 것인가?

　이처럼 공급 측면의 제약에 진보적으로 개입할 때에는, 국민소득에
서 노동 몫의 장기적 감소와 오늘날 대부분의 선진국과 개발도상국들
을 고통스럽게 하는 노동력 내부 불평등의 지속적 증가를 뒤바꿀 주
도력이 수반되어야 한다. 오늘날 비공식적·불법적인 경제의 쇠퇴로
인해 합법적 일자리를 박탈당하고 있는 노동자들, 그 다수가 세계의
인구 밀집 지역들에 거주하는 수억 명의 노동자들을 구제하기 위해서
도 공급 측면 개입을 강화해야 한다. 여러 조치들 중에서 지금 세계에
서 특히 불평등한 조건에서 일하는 여러 수준의 노동자들에게 어떤
조치가 가장 효과적일지를 생각해야 한다. 예를 들어, 이윤 공유는 최
상층 노동자들부터 적용해야 할 것이다. 그리고 나서 범위를 점점 넓
혀 나가야 한다. 해당 부문에서 조직노동자들이 비조직노동자들의 이
해를 대변할 수 있도록 조직노동자들의 힘을 강화시키는 노동법 체제
는 임금 계층상 중간 범위에서 가장 효과적일 듯하다. 임금 계층상 가
장 낮은 수준에서는 일자리 창출과 저임금·저숙련노동 훈련에 대해
서는 무조건 보조금을 지급하고, 임금 총액에 어떠한 세금도 붙이지
않는 것이 최고의 해결책이 될 수 있다.

　이 같은 주도력들은 그 어떤 것도 인플레이션을 유발하지 않는다.
그러면서 더 광범위한, 민주적이고 역량중진적인 기획의 일부로서 노
동의 권리와 힘을 강화시킬 것이다. 동시에 노동생산성 증가의 경계
또는 그 이상으로 노동에 대한 보상을 지속적으로 증가시킬 것이다.

네 번째 제도적 아이디어는, 현금 이전transfer이 사회연대를 수립할 충분한 토대인 양 간주하는 것을 거부하는 것이다. 사회연대는 다른 사람들을 돌보는 보편적 책임에 기초해야 한다. 원칙적으로 육체적·정신적으로 능력이 있는 사람이면 누구나 통상적인 일자리 외에 가족 범위 이상의 돌봄노동을 수행해야 한다. 시민사회는 정부와 시장 바깥에서 조직되거나 스스로 조직해야 하며, 이를 통해 이 책임을 이행할 수 있어야 한다. 사적이지도 공적이지도 않은 형태의 법이 시민사회가 그렇게 할 기회와 수단들을 제공할 수 있다.

다섯 번째 제도적 아이디어는 고에너지 민주정치 관념이다. 교육적·경제적 측면에서 개별 노동자와 시민의 역량을 증진시키고, 시장경제를 민주화하며 사회연대를 실제적인 사회적 책임으로 뿌리내리게 하는 작업은 민주주의의 심화를 통해 지속되고 활력을 가질 수 있다. 군사적 위기 또는 경제위기를 만나야 가끔씩 깨어나는 잠자는 민주주의로는 충분하지 않다.

고에너지 민주정치는 좌파 프로그램이 찾고 있는 더 큰 자유의 표현임과 동시에, 앞서 말한 네 가지 주제들을 진전시킬 조건이기도 하다. 그러려면 시민참여 수준이 지속적이고 조직적으로 증대되어야 하는데, 구체적으로 다음과 같은 것들이다. 권력분립 체제에서는 정부 부처 간의 교착상태를 시급히 타개하고 이 과정에 일반 유권자가 참여할 입헌적 장치를 마련한다. 국내 정치에서 결정적 선택을 할 수 있는 가능성과 국민경제의 특정 지역이나 특정 부문에서 이루어지는 광범위한 편차가 있는 실험들 및 이의異議들을 조화시킬 혁신을 단행한다. 자신의 의지로는 취약하거나 배제 상태에서 벗어날 수 없는 사람들을 위해, 정부 부처가 특별하게 고안한 교정적 개입뿐만 아니라 사회적 상속이나 최저소득 보장 방식으로 그들을 구제하는 결정을 단행한다. 그리고 대의민주주의와 직접민주주의의 특성들을 조화시키려고 꾸준히 노력한다.

심화된 고에너지 민주주의는 이해관계와 그것을 담지한 개인들이 존재하는 실제 세계를 이기심 없는 시민과 열정 넘치는 공공생활의 장으로 대체하려고 하지 않는다. 고에너지 민주주의는 공화주의적 순수주의와 환상 속으로 비행하는 것이 아니다. 고에너지 민주주의는 보통 사람들의 힘을 증진시키기를 바라고, 보통 사람들의 공감과 야심의 범위를 확장시키기를 원하며, 보통 사람들의 경험을 강화시키기를 희망한다. 이를 위해 우리가 당연하게 여기는 제도적이고 이데올로기적인 문맥 내의 통상적인 움직임과, 우리가 그 문맥에 도전하면서 바꾸려는 특별한 주도력 간의 거리를 좁히려고 노력한다. 이 노력의 주체와 수혜자는 동일한 사람이다. 실질적인 것은, 연약하고 이기적이며 더 나은 것을 바라는 육신을 가진 개인, 어떤 상황도 영구히 완벽하게 그리고 절대적으로 구속시킬 수는 없는 상황의 희생자이다.

이 다섯 가지 주제의 공약이 나타내는 대안을 창의적으로 구성하는 작업은 이를 뒷받침하는 아이디어의 집합을 필요로 한다. 이러한 아이디어들은 체계적인 사회이론과 철학의 형태 속에서 찾을 수도 있다. 그러나 우리는 기왕의 설명과 논변 관행을 정정함으로써 그 아이디어들을 훨씬 더 자주, 좀 더 신뢰할 수 있게 발전시킬 수 있다. 여기서 핵심은 현대 사상에서 합리화·교화·도피주의의 동맹을 거부하면서, 고전 사회이론에서 부담을 떠안게 된 결정론적 가정(假定)의 꾸러미로부터 구조적 대안과 구조적 단절의 관념들을 구출해 내는 것이다.

근대 사회사상의 역사는 점진적 변화를 제도적 재건에 대한 불신과 연계시키고, 제도적 재건에 대한 헌신을 급작스럽고 체계적인 변화의 믿음과 연계짓는 식으로 우리를 오도해 왔다. 이 같은 편견을 드러내는 가장 중요한 표현은 두 가지 정치 스타일 간의, 모든 것을 포괄하는 식의 가상적 대립이다. 그 한 가지 스타일이 혁명주의다. 혁명주의는 국민적 위기 상황에서 다수의 지지를 받는 대결주의 지도자의 지도 아래 하나의 제도 질서를 다른 질서로 전면적으로 대체하려는 것이다. 또 다른 스타일은 개혁주의다. 개혁주의의 관심사는 일상적 상황에서 조직화된 이해관계에 둘러싸인 직업정치가들의 협상으로 이루어지는, 도덕적·종교적 걱정거리에 대한 한계적인 재분배 또는 양보이다.

우리는 이러한 범주들을 뒤섞어야 한다. 그리하여 단편적이고 점진적이지만, 누적적인 변화를 전환적 야심으로 연결시켜야 한다. 실제로 이것들을 뒤섞으려면 먼저 사고 속에서 뒤섞어야 한다. 이 뒤섞기의 으뜸이 되는 표현이, 혁명이냐 개혁이냐의 이분법적 대립에 도전하면서 혁명적 개혁을 실천하는 정치 스타일이다. 이런 정치는 구조적 변화를, 그런 변화가 일반적으로 실행에 옮겨질 수 있는 유일한 방식으로 실행에 옮긴다. 즉 조금씩, 착실하게 그렇게 한다. 이런 정치는 조직된 소수들 간의 협상을 조직되지 않은 다수의 동원과 결합시킨다. 이런 정치에서는 변화를 가능케 하는 조건으로 재난을 필요로 하지 않는다. 제도적 상상력의 다양성으로서 정치경제학과 법적 분석을 이해하고 활용함으로써 대비하고 지식을 충전하는 정치다.

그렇다면 어떤 실질적인 사회세력이 좌파의 핵심 구성으로 간주되어 온 조직된 산업노동력이 남긴 빈 공간을 차지할 수 있을까? 이 같은 기획에는 추진 주체가 요구되는데, 그 주체는 전통적 좌파 담론에서 스타 역할을 했던 주체와는 분명 다르다. 그 정체성뿐만 아니라 변화의 기획과 주체의 상호관계에 대한 감각도 변해야 한다. 가장 중요한 두 주체, 즉 노동계급과 국민국가에 대해 생각해 보자.

노동계급은 더 이상 산업 프롤레타리아, 주로 자본집약적 산업에서 일하는 조직화된 노동력과 동일시될 수 없다. 세계의 모든 나라에서, 임금을 받는 광범위한 다수 대중은 자본집약적 산업의 경계 바깥쪽에서 일한다. 그들은 자본집약도가 낮은 가게, 장비도 별로 없는 서비스업에서 일하며, 흔히 권리도 없고 거의 희망도 없이 불법의 그늘에서 일한다. 그렇지만 그들의 시선은 위로 향해 있다. 즉, 세계 어디서나 대중은 자조^{自助}와 선도의 새로운 문화를 발전시키는 쪽을 바라보고 있다. 부국에서든 빈국에서든, 그들의 전망은 프롤레타리아가 아니라 프티부르주아지다. 그들의 가장 완강한 야심은 약간의 자립과 어느 정도의 번영을 결합하는 것이다. 여기에는 주체성을 발전시키고 싶은 욕망, 영화 속 인물처럼 깨어 있는 의식, 뜻밖의 만남, 그리고 성공을 위한 노력 등으로 충만한 삶을 영위하고 싶은 욕망이 포함되어 있다. 경제생활의 조직화를 위한 대안이 빈곤한 경우, 대중은 종종 이런 열망을 전통적이고 고립되어 있고 소규모인 가족사업과 동일시하곤 한다.

세계사에서 발군의 주역인 국민국가는 영원하진 않겠지만 지금도 여전히 존재한다. 국민국가는 집단적 경쟁 행위와 집단적 차이의 발전을 도모하는 인기 있는 근거지이다. 오늘날 국민국가는 달리 되고 싶어 하지만 어떻게 해야 할지 모르고 있다. 각 나라 국민들은 자신들의 고유한 관행과 제도로 체현되는, 바람직할뿐더러 실현 가능한 결사체의 특징적 이미지를 보고 싶어 한다.

민족이란 인류가 자신의 힘과 잠재력을 다양한 방향으로만 발전시킬 수 있다는 믿음에 따라 민주주의 세계에서 정당화된 인류 안에 나타난, 도덕적으로 특화된 형태이다. 어떤 민족이든 물려받은 차이를 보존하는 데에만 열중한다면, 한편으로 물려받은 이전 삶의 양식을 보존하려는 바람, 다른 한편으로 다른 나라를 모방할 필요, 즉 세계적 규모의 국가 간 경쟁에서 더 성공하고 살아남기 위해 성공한 나라를 모방할 필요 사이의 갈등으로 사분오열될 것이다. 결국 새로운 차이를 만들어 낼 수 있는 집단적 능력이 오래된 차이의 삶을 연장하는 집단적 능력보다 훨씬 더 중요하다.

오늘날의 세계에서 이용 가능한 정치적 · 경제 · 사회적 조직 형태는 집단적 창의성을 발전시킬 도구로는 너무 협소하다. 기존의 집단적 차이에 순응하는 것으로는 부족하다. 경제적 · 정치적 실험의 제도적 논리를 급진화시켜 현재의 집단적 차이를 심화시킬 필요가 있다.

자신의 발로 서고 싶어 하는 노동자와 자신의 길을 가고 싶어 하는 민족이 좌파가 제안하는 대안이 대표할 주요 세력이다. 그러나 그들의 이해와 이 제안과의 관계에 대한 감각은 마르크스 이론이 계급 이해에 부여한 감각과는 근본적으로 다르다. 마르크스 이론에 따르면, 계급 갈등의 범위가 넓어질수록, 그 강도가 첨예화될수록, 다투고 있는 계급 이해의 객관적 내용에 의문을 제기한다거나 토의할 여지는 줄어든다. 투쟁은 가려져 있는 마스크를 벗겨낼 것이며, 정치적 패배는 어떤 오해를 정정하는 효과를 발휘할 것이다.

그러나 이해관계와 기획에 대한 진실은 이러한 상황이 함축하고 있는 것과는 정반대이다. 민족 또는 계급의 이해관계는 갈등이 폭발할 때보다 오히려 가라앉을 때 명확한 내용을 가질 것이다. 그렇지만 갈등이 확대되고 심화됨에 따라 이 자연성의 외양은 흩어진다. 계급 또는 민족의 구성원으로서 나의 이해는 어떤 것인가라는 물음은, 이 세계는 어떤 다른 방향으로 바뀔 수 있을까 하는 물음, 나의 정체성과 나의 이해는 이 변화되는 세계 각각에서 어떤 방향으로 전환될 것인가라는 물음과 불가분하다. 집단적 이해가 일직선처럼 정연한 객관적 내용을 갖고 있다는 관념은 환상에 불과하다. 집단적 이해는 실제적 그리고 비전상의 갈등을 봉합하거나 차단하는 데 그것이 얼마나 호소력이 있는가에 달렸다.

전환의 주역으로서 좌파는 집단적 이해가 갖고 있는 내용의 모호성을 기회로 전환시켜야 한다. 좌파는, 어떤 주어진 집단 이해든지 간에 언제나 이를 정의하고 옹호하는 두 가지 방식이 존재한다는 통찰 위에서 행동해야 한다. 한 가지 방식은 제도적으로 보수적이고 사회적으로 배타적이다. 이는 경제와 사회에 위치한 집단의 현재 자리를 숙명적인 것으로 간주하고, 사회 공간 속의 가까운 이웃 집단들을 경쟁자로 정의한다. 다른 한 가지 방식은 사회적으로 연대적이고 제도적으로 전환적이다. 이는 사회 공간 속의 이웃 집단들을 현실적 또는 잠재적 동맹자로 간주한다. 그리고 일시적 동맹을 지속적 이해와 정체성의 결합체로 바꾸어 낼 개혁을 선도한다. 좌파는 항상 연대적이고 재구축하는 접근을 선호해야 하며, 그러한 접근을 사회에 대한 프로그램적 제안의 동전의 뒷면이라고 생각해야 한다.

이런 경향이 노동자계급의 이해를 옹호하는 데 어떤 의미를 함축하는지는 일반적으로 긍정적이지 않다 해도 실질적으로는 매우 분명하다. 이 경향은 조직된 산업노동력으로 하여금 축소 일로에 있는 전통적 대량생산의 성채 안에 바리케이드를 쌓게 하는 어떤 주장과도 양립할 수 없다. 이 경향은 경제 전반에 걸쳐 선진적인, 실험적인 생산 관행을 확산시키는 데 정부의 힘을 능동적으로 활용할 것을 요구한다.

이때 앞에서 말한 연대적이고 재구성적인 접근 경향은 한 국가 전체의 이해를 정의하고 옹호하는 데에 어떤 함의를 갖는가? 그것은 한 나라가 글로벌 압력에 저항할 수 있도록 저축 수준이나 재정흑자 같은 국내 자원의 동원을 관심 목록의 우선순위에 두는 것을 의미한다. 그것은 국민적 대안의 가능성이 결국 얼마나 글로벌 다원주의에 달려 있는지를 이해하고 있음을 의미한다. 그것은 시장경제와 마찬가지로 세계화도 적응이냐 이탈이냐의 양자택일만 있을 뿐이라는 견해, 그리고 우리가 할 수 있는 일이란 현재 지형에 다소간의 변화를 가져오는 것일 뿐 그 대안을 다른 지형 위로 가져갈 수 없다는 견해를 거부함을 의미한다. 그것은 글로벌 경제구조를 개혁하고 세계정치의 현실을 재구성하기 위해 비전을 공유하는 다른 세력들과 보조를 같이함을 의미한다. 기존의 배치와 현실은 실험적 다원주의를 단일의 독단과 제국 권력에 희생시키는 것이었다.

좌파는 위기를 잘못 학수고대하고 있다. 좌파의 강령적 목표는, 이전처럼 재앙에 기대어 변화가 일어나게 하는 방식을 지양하고, 전환이 사회생활에 내장되도록 사회적 그리고 지적 제도와 관행을 바꾸는 것이어야 한다. 고전 사회이론이 역사적 경험의 특징으로 잘못 이해한 것, 즉 전환의 동학이 시스템 안에 내장되어 있다고 본 것은 사실은 하나의 목표이다. 전환은 그 자체로서 가치 있는 하나의 목표이다. 그것은 자신이 가진 저항 및 초월의 힘을 상황에 굴복시키지 않고, 전면적으로 세계에 참여할 수 있는 주체가 상황을 통제하고 있음을 나타내기 때문이다. 이 전환은 언제나 좌파 프로그램이 화해시켜야 할 두 가지 문제와 인과관계로 엮여 있기 때문에 존중되어야 한다. 그 두 가지 문제란, 경제성장과 기술혁신을 통한 실제적 진보, 그리고 고착화된 사회 분열과 위계로부터 개인의 해방을 말한다.

우리는 더 이상, 19세기 자유주의자와 사회주의자들이 믿을 수 없는 주문 같은 독단 아래 생각했듯, 물질적 진보의 제도적 조건이 자연스레 그리고 필연적으로 기존의 사회 분열과 위계로부터 개인을 해방시킬 제도적 요구와 일치할 것이라 생각할 수 없다. 이 두 조건이 필연적으로 충돌할 것이라는 생각도 마찬가지로 잘못이다. 좌파는 두 조건의 교집합 구역을 찾아내기 위해 노력해야 한다. 그 구역 안에서 사회를 전진시키도록 노력해야 한다.

교집합 구역의 특징은, 이 구역에서는 잘못된 실천의 수정 여지가 활짝 열려 있다는 것이다. 수정에 충분히 개방되어 있을수록 실천들이 갖는 자연물과 같은 속성은 한층 더 줄어든다. 실천들은 더욱 우리와 같아진다. 그 실천들은 실제적 진보를 위해 결정적으로 중요한, 사람과 자원의 재결합에 참여하는 것을 용이하게 한다. 그 실천들은 모든 고착화된 기득권 위계가 의존하는 제도 틀을 저 높은 감시대에 올려놓게 하여 개혁 압력을 가한다.

우리는 변화의 위기 의존성을 약화시키는 제도를 수립하는 길로 나서야 한다. 이를 가로막는 한 가지 역설은, 어떻게 그런 혁신이 위기 발생이라는 지원 없이 일어날 수 있을까, 하는 것이다. 어떻게 좌파가 지금과 같은 실제 상황에서 무심코 재앙에 의존하는 이런 악순환을 깨트릴 수 있을까?

그 답은 위기를 전쟁이나 경제적 위기와 같은 대규모 참사에서가 아니라, 현대사회의 삶에서 수백만 번 반복되고 있는 개인의 고통, 공포, 불안, 그리고 무능력과 같은 숨겨진 비극에서 찾는 것이다. 심지어 오늘날 세계의 가장 부자 나라에서조차 다수의 근로대중은 삶의 위험을 느끼고 위험 속에 빠져 있다. 그들은 극단적인 빈곤과 배제로부터 보호받을 수 있을지는 몰라도, 소득과 부와 권력 그리고 사는 재미가 더욱더 집중되는 유망한 경제 부문으로부터는 여전히 배제될 것이다.

실직자가 아니면 일자리를 잃을까 두려워할 것이고, 유럽 사회민주주의국 같은 사회계약이 잘 발전된 나라에서 산다면 경쟁과 글로벌화로 기술되는 경제적 필연성이라는 미명 아래 그 계약이 깨질까 두려워할 법하다. 그렇지 않고 세계의 다른 곳, 특히 개발도상국에 사는 근로대중이라면 기초적 경제 안전은 물론이고 더 큰 경제적·교육적 기회를 제공하거나 제공할 능력이 있는 정치세력이 없음을 깨닫게 될 것이다.

거의 모든 사람들이 자신은 버림받았다고 느끼고 있다. 대부분의 사람들이 자신은 아웃사이더더라고, 창밖에 서성이면서 창 안에서 벌어지는 파티를 구경하는 신세라고 믿고 있다. 시장과 세계화를 주창하는 정통파의 표어인 유연성은 삶의 불안정의 일반화를 나타내는 코드 용어라 보면 정확하다. 좌파와 역사적 연관성을 주장하는 정당은 성장으로 사회지출 자원이 창출될 것이라는 기대 아래, 한편으로 이 불안정 프로그램과 부끄러운 협약을 맺는 노선, 다른 한편으로 전통적 사민 계약에 마지못해 동조하는 노선 사이에서 동요하고 있는 듯하다.

분명한 사실에 납득되고 희망을 무산시키는 이 공포는 아웃사이더에게 적의적 태도를 품게 하고 보상받지 못하는 거대한 에너지의 낭비를 표출하면서, 결국 위기에 이른다. 공포는 대부분 침묵으로 개인들의 마음속에 흐르고 있다. 그러다가 종종 우익 포퓰리즘적이고 국수주의적인 정당에 대한 지지로 왜곡되어 표현된다. 이는 분명 문제지만, 좌파에게도 기회이다.

이러한 위기의 잘 알려진, 믿을 수 없는 형태는 다음과 같은 단순한 반복구다. 우리는 일자리를 창출해야 한다! 그러나 사람들은 안다. 국가위기 때 모집해서 보수를 주는 시대착오적이고 한정된 강제노역 동원이 아니면, 정부가 공공서비스 외에 달리 직접 일자리를 창출할 수 없다는 사실을 말이다. 지금 몰라도 나중엔 알게 된다. 따라서 일자리를 창출한다는 공허한 약속은 숨겨진 위기에 대한 불가피한 대응의 오도된 형태다. 불가피한 대응이란 생산적이면서 민주적인 전진의 길이어야 한다. 그것은 사회적 헌신을 경제 회복과 혁신 그리고 재구성에 착근시키는 것이며, 고에너지 민주정치 제도를 설계하고 구축함으로써 사회경제적 기획을 진전시키는 것이다. 오직 우리가 힘을 내고 분발할 때에만 인간다워진다는 것, 이것이야말로 새로운 좌파의 실제적 원칙이다.

제4장

주체: 프티부르주아지가 되려는 노동자

　오늘날 극빈국가들을 제외한 세계의 모든 국가들은 여전히 계급사회로 조직되어 있다. 마르크스주의는 교의로서는 죽은 상태다. 사회주의는 프로그램으로서는 현존 지배체제에 대한 대안으로서 의미를 상실했는지도 모른다. 탈사회주의자와 탈마르크스주의자들이 여전히 "자본주의"라고 부르는 현 지배체제는, 그 자체의 독특한 유지와 변화 법칙을 가진 분리 불가능한 시스템인 것처럼 파악된다. 그러나 계급은 여전히 존속되고 있다. 경제적·정치적·문화적 권력에 대해 매우 불평등한 접근성을 가진 집단 그리고 각기 의식과 실제적 삶의 특수한 형태를 가진 집단으로 분할된 채, 사회생활의 위계적 조직화 방식으로 계급은 여전히 존속되고 있다.

　이 계급이 갖는 특별한 성격은 오늘날 그것을 형성하는 두 가지 대조적인 원칙, 즉 상속과 능력주의 간의 상호작용으로 결정된다. 가족을 통해 경제적·교육적 우위가 세습되기 때문에, 가장 유동적이고 평등주의적인 현대사회에서조차 세대 간 이동은 여전히 대폭 제한된다. 따라서 적정 가족 최저선을 제외한 모든 자산에 대한 상속권(가족을 통해 예상되는 상속을 포함하여)을 폐지하는 것만으로도 도처에 하나의 혁명을 초래할 수 있다. 능력 경쟁은 상속 이익의 작동을 수정하여 가장 재능이 있고 열심히 노력하는 사람들이 학교와 기업에서 발탁되어 바닥에서 위로 올라갈 수 있는 기회, 즉 선별적이지만 증대하는 기회를 보장해 줄 것이다.

이론상 모순되는 계급과 능력주의라는 두 원칙은 불안정하면서도 평화로운 공존 속에 존재한다. 두 원칙 간의 대립은 대부분 나라의 국내 정치 및 국민생활에서 국민대중이 갖는 몫이 작다는 사실 때문에, 또는 대안적 범위가 좁다는 사실 때문에 약화된다. 야심 찬 혁신적 시도들은 곧바로 지배체제에 순화되고 융합되는 것을 넘어, 지배적인 도그마와 이해관계의 가장 열정적인 챔피언이 될 때도 잦다. 두 원칙 사이의 긴장은 지배적 풍조인 정치적 경건성이 은폐하고 있는 사실에 의해서도 중화된다. 바로 오늘날 사회에서 교육과 시험 시스템이 점점 더 협소한 분석 기법에 우선순위를 부여하고, 이 기법을 위한 부대여건 자체가 어느 정도는 물려받을 수 있는 것이다.

불평등이 덜한 나라들, 다른 나라들이 부러워하는 나라들에서 가장 혜택받은 이들은 그들 자식들 일부가 하층계급으로 내려가고, 다른 계급 자녀들이 상층계급으로 올라오는 것을 돌아가는 상황에 맡긴다. 그들은 상속과 능력을 화해시키는 과정에 자주 성공의 기회가 깃든다는 걸 안다. 그러면서 다툼의 대상이 되는 계급 특권이 통상 그러나 보편적이지는 않게 유산으로 물려받는 이익으로 전환되기를 은밀하게 바란다. 그 이익들은 외견상으로는 마치 개인들 사이에 불가피한 분업과 당연한 차이 양자 모두에 뿌리를 두고 있는 것처럼 보인다.

계급과 능력의 이 같은 공존이 가져오는 통상적인 결과로서 세계 어디서나 우리가 보게 되는 것은, 개인들의 삶의 기회를 어둡게 하고 민주주의의 약속을 무너뜨리는 네 가지 주요 계급 체계이다. 이 계급 체계의 최상층에는 전문가, 경영자, 그리고 지대地代 추구 계층이 존재하는데, 이들은 소득을 집중시키는 것 이상으로 수중에 부와 재량권을 집중시킨다. 자기 의지대로 그리고 타자에게 명령함으로써 원하는 대로 할 수 있는 권력을 추구하는 것이다. 그 밑에는 소기업 계급이 있다. 이들은 자기착취에 의지하며 대개 가족노동을 동원한다. 화이트칼라 및 블루칼라 노동계급이 그 뒤를 따른다. 이들은 명령 체계 아래 특화된 직업에 종사하면서 임금을 받는다. 이 노동계급은 노동 자체에서는 거의 가치를 느끼지 못하고, 가정생활과 대중 엔터테인먼트에서 위안을 얻으면서 노동으로부터 해방되기를 바란다. 미국에서는 부르주아적 정체성을 가진 노동자들이 '중산층'을 자처한다. 경제생활에서 대규모 조직의 상대적 중요성이 지속적으로 감소하면서, 세계인구 중 이 사례를 따르는 부분이 늘어나고 있다. 학교에서는 복종의 습관을 체득하는 것이 이들의 주요 임무라고 교육시킨다. 마지막으로, 계급 체계의 맨 밑바닥에는 하층계급이 있다. 대개 소수인종과 외국인, 임시 노동자들로 구성된 이들은, 법과 권리 밖의 어두운 그늘 아래서 불안정한 밑바닥 일에 얽매여 있다. 인구밀집 지역을 포함한 많은 개발도상국에서는 이 하층계급이 전체 인구의 대다수를 차지한다. 그들은 멸시당하는 인종이나 카스트, 혹은 나라 구성원으로서 부가적인 부담도 감당하지 못한 채 불안정과 박탈로 고통받는다.

오늘날 부자 나라들에 현실화되어 있는 이 계급 체계에서 가장 주목해야 할 특징 중 하나는, 노동자계급과 소기업 계급 그리고 심지어 상류계급인 전문가·경영자·지대 생활자조차 궁핍에서 벗어난 동시에 권력에서도 배제되어 있다는 점이다. 정부에 미치는 영향력이 없다는 의미뿐 아니라, 그들의 일상생활 경험과 전망에 대해 어떤 유의미한 발언권도 갖지 못한다는 점에서 그러하다. 그들도 종종 자신들이 꼼짝 못 하고 있다고 생각한다. 그리고 문득 자신들이 평생 단 하나의 삶을 영위하고 있음을 깨닫고, 많은 경우 무엇을 해야 할지 몰라 한다.

민주주의가 주는 핵심 약속은, 보통 사람들이 더 자유롭고 더 위대해질 기회를 갖게 한다는 것이다. 이 약속의 기준에 의하면, 계급 체계가 조장하는 해악은 단지 좀 더 나은 기회의 평등을 달성하지 못하게 하는 정도가 아니다. 보통의 인간을 내동댕이쳐 영구적으로 비하시킨다는 데 더 큰 해악이 있다. 전 세계에서 수많은 사람들이 끔찍한 전쟁에 생을 바침으로써 빚어진 이 인간성의 비하로부터 사람들이 구제받기까지는 오랜 시간이 걸렸다.

이런 배경의 또 다른 쪽에는 희망의 조짐도 있다. 많은 개발도상국 사람들이 적절한 번영과 독립을 열망하고 있다. 그들은 창의와 자조自助의 문화를 위해 분투한다. 더 나아질 거라는 희망을 안고 주경야독하고 사업을 시작하면서도, 이 소망을 추구할 다른 방도가 없기 때문에 소규모 가족사업 아이디어에 이끌린다. 그리고 이러한 열망은 통상 이에 따라붙는 도덕적 동경으로 확대된다. 그 동경이란 TV 속 상업 광고가 홍보하는 물질적 즐거움뿐 아니라, TV 연속극이 들려주는 도덕적 모험도 가능케 할 더 원대한 삶을 영위하려는 것이다. 모두가 자기 나름의 방식으로 19세기와 20세기 유럽 소설에서 중심적이었던 고된 시련을 되살리고 싶어 한다. 주변 환경과 싸움으로써 자아를 형성해 가는 인간상을 바란다.

부자 나라에서는 소규모 사업에 대한 열망이 갖는 호소력이 다소 덜할 수 있다. 그런 사업은 좀 더 분명하게 확연한 계급 구분과 그에 따른 제한된 기회와 동일시되기 때문이다. 그러나 부자 나라에서 그 열망의 강도가 약한 더 중요한 이유는, 적당한 번영과 독립을 위한 노력 그리고 굴종적이고 감금된 노동생활로부터 탈출하려는 노력이 한층 더 산만하고 방향을 잃었기 때문이다.

지난 두 세기에 걸친 좌파 역사의 경과 속에서 좌파가 범한 과오 중에서, 프티부르주아지를 적 또는 편의적으로 이용하는 동맹자로 설정하고, 조직된 산업노동계급을 핵심 지지자로 정의한 것보다 더 큰 전략적 과오는 없다. 세계 어디서나 전체 취업자 중에서 이러한 노동계급의 비중은 감소하고 있다. 세계 어디서나 이 노동계급은 보호와 혜택을 요구하는, 또 다른 특수한 이해집단으로 비쳐지고 있으며, 결국 스스로도 그렇게 보고 있다. 오히려 좌파가 버린 계급이 좌파에 승리한 정치운동의 사회적 기반이 되었다. 이제 우리 동시대인 대다수는 경제적 사실에서는 그렇지 않더라도 그들이 상상하는 지향에서는 프티부르주아지다.

이기적 반동에 얽매여 있다고 가정하면서 좌파가 거부했던 이해利害가 이제 보편적 열망의 대역代役이 되었다. 미국이나 유럽에서만 그런 것이 아니다. 중국과 인도에서도 그러하다. 만약 진보주의자들이 이 열망을 그 자체로 받아들일 수 있다면, 그리하여 고립된 전통적 소기업 방안보다 더 풍부한 제도와 실천의 용어들을 제공하고, 가족이기주의보다 더 신뢰할 만한 가치 기준을 제공할 수 있다면, 그들은 그 어떤 동맹자보다도 강력한 동맹자를 얻게 될 것이며, 과거 역사적 패배의 주요 원인을 제거할 수 있을 것이다.

제5장

주체: 다르게 되려는 민족들

민족주의는 현대사에서 가장 예측하기 어려운, 강력한 전환의 힘 중 하나이다. 비록 오늘날에는 위험한 일탈이 되고 있지만, 이를 재해석하고 방향을 다시 잡는다면 민족주의는 진보적 대안을 전진시킬 기회가 될 수 있다.

집단적 정체성은 인간의 경험에서 그 정체성이 갖는 힘을 내용상의 의미로부터 끌어냈다. 예를 들어 로마인이 된다는 것은 로마인으로서 사는 것, 물려받은 관습과 정서 구조에서 로마식을 따르는 것을 의미했다.

서구 세력이 세계를 뒤집어 나머지 인류를 그들의 제국과 관심, 신념의 노예가 되도록 추구한 이래, 서구 지역에 국한되었던 경쟁 역시 세계화되었다. 각국은 자국의 독립을 위해 필요한 경제력과 군사력을 증강시키고, 문화적 정체성을 보존하고자 자국에 대한 전승 이념의 큰 부분을 이 보편적(실천적이면서 동시에 정신적인) 투쟁의 제단 앞에 포기해야만 했다. 각국은 최상의 기계뿐만 아니라, 각 민족사회의 기존 특권 구조는 거의 흔들지 않으면서 국가 능력을 최대로 끌어올릴 가장 효율적인 관습과 제도를 찾아 전 세계를 약탈하지 않으면 안 되었다. 이 보편적인 모방과 재결합 행위가 서서히, 그렇지만 가차 없이 국가 간 차이의 성격을 변화시켰다.

이 변화가 가져온 결과란, 민족적 정체성을 포함해 집단적 정체성을 공동화空洞化시키는 것이었다. 그리하여 사회를 조직화하는 고유한 방식, 사회생활의 가능성과 위험을 이해하는 고유한 방식에서 점차 정체성의 기반을 박탈해 버리는 것이었다. 그러나 실제적 차이가 약화된다고 해서 차이를 향한 의지까지 약화된 것은 아니다. 오히려 이 결과는 차이를 향한 의지를 불러일으켰다. 어떤 국가가 점점 더 이웃 국가를 닮아 갈수록, 해당 국가는 더 필사적으로 구별 짓기를 내세우게 되었다. 이 차이를 향한 의지는 그것이 숭배하는 집단적 정체성의 유형적有形的 세부 사항이 결여되어 있기 때문에 더욱 유해하다. 매사 구체적일 때 그 정체성은 경험과 타협에 개방되기 마련이다. 그런데 추상적이기 때문에 비타협적인 신념의 목표가 되는 것이다.

이 독소를 없앨 유일한 해독제는 오직 민주적이고 실험적인 이상 하나뿐이다. 그 이상이란, 차이를 향한 좌절된 의지가 갖고 있는 불모적이고 잠재적으로 살인적인 격정을 실제적 차이를 낳는 집단적 역량으로 대체시키는 것이다. 바로 이 때문에 대안이 없다는 독재를 전복시킬 프로그램은 단지 자신만을 키우려 더 많은 기회를 얻어 내려는 일반 노동자의 보편적 열망에만 응답해선 안 된다. 프로그램은 민주적 정치조직, 시장경제 그리고 자유로운 시민사회를 그들의 새로운,

고유한 삶의 형태를 발전시킬 기구로 전환시켜야 한다. 이 이상을 진전시키기로 한 나라들은 일정 부분 동일한 제도적 기반, 즉 세계경제 내에서 성공적인 민족적 이단을 발전시킬 조건을 확보하는 일, 시장을 민주화하는 일, 민주주의를 심화시키는 일, 개인의 역량을 신장시키는 일을 밟아 나가야 할지 모른다. 나중에 분화하기 위해 지금 더 좋은 것들을 공유해야 하는 것이다. 그것이 현재 우리가 마주한 상황이 안고 있는 명백한 역설 중 하나이다.

제6장

기회: 혁신친화적 협력

　진보적 대안을 앞당기는 또 다른 기회는 혁신친화적인 일련의 새로운 협력적 실천들을 확산시키는 데서 나온다. 대부분의 세계에서 이런 실천들은 생산과 학습의 성격을 변화시키는데, 최고의 사업과 학교란 바로 이 실천에서 선두를 달리는 곳들이다. 이 실천의 핵심은 실제적 진보의 가장 근본적인 두 가지 요청 사이에 늘 존재하는 긴장, 즉 협력과 혁신 사이의 긴장을 완화시키는 것이다. 우리의 생산력을 향상시키는 데 크게 기여할 것으로 기대되는 새로운 생산과 학습 방법들이 특정 선진부문에만 제한될 것인가? 아니면 사회와 경제의 광범위한 부문들도 여기에 접근할 수 있게 될까? 사회적으로 포용적인 경제성장이라는 오랜 목표를 실현할 수 있는 우리의 기회는 이 물음에 어떻게 답변하느냐에 달려 있다.

　가장 단순한 수준으로 환원하면, 경제성장은 세 가지 요인의 결과이다. 단기적으로 가장 중요한 결정 요인은, 재화 및 서비스의 생산 비용과 수익 간의 관계이다. 그렇지만 장기적으로 가장 중요한 요인은,

지식의 개발 및 실제적 적용이다. 이 중에서도 특히 우리가 할 수 있는 일을 가능한 한 루틴화하고routinize, 이 루틴화된 노동을 하나의 공식에 따라 수행할 수 있게 하는 지식이 중요하다. 하나의 공식 아래 수행할 수 있는 노동이라면, 노동의 모든 부분을 우리 힘을 증폭시키는 기계 속에 체현시킬 수 있을 것이다. 이렇게 절약한 시간을 여전히 하나의 공식으로 환원될 수 없고 기계에 체현시킬 수도 없는 그런 활동들에 사용하면 된다. 그렇게 우리는 관심의 지평을 우리가 반복할 수 있는 것으로부터 아직은 반복할 수 없는 것으로 바꾼다.

하지만 중기적으로는, 경제성장 및 다른 실제적 진보를 위해 우리의 협력 능력이 중요하다. 협력은 혁신에, 가능하면 항구적 혁신에 친화적이게 배치되어야 하며, 그리하여 지식의 실제적 응용을 신속하게, 일의 초점을 반복할 수 있는 것에서 아직 반복될 수 없는 것으로 바꿀 수 있는 기반을 구축해야 한다. 협력은 혁신의 실행에 필수적이다. 기술적 혁신이든, 조직적 혁신이든, 사회적 또는 개념적 혁신이든 협력이 필요하다. 그러나 모든 혁신은 기존의 협력 형태를 위협한다. 혁신은 기존 협력 형태가 착근되어 있는 특권 및 기대의 체제를 뒤흔들기 때문이다. 간단한 예를 들어 보자. 만약 새로운 기계가 어떤 노동자 집단에는 이익을 주면서 다른 집단에는 실직의 위협을 가한다면, 이익을 얻는 집단과 손해를 입는 집단 간의 휴전협정, 또는 그들과 고용주 간의 휴전협정은 깨어지기 십상이다.

그러나 협력과 혁신의 요청이 상호 침투하는 정도는 일정하지가 않다. 실제적 진보에 가장 전도유망한 협력적 실천은 반복되는 혁신을 가장 쉽게 제공해 줄 수 있는 그런 실천이다. 이런 협력적 실천은 진화한다. 그런데 이 실천들이 뿌리를 내리고 앞으로 나아가려면 특정 조건들이 갖춰져야 한다.

진보주의자들이 실제적 진보를 추진하는 세력에게 자신들의 제안을 경건한 제약처럼 제시하는 것은 아무런 득이 되지 않는다. 진보주의자는 사회적 포용과 개인의 역량 신장을, 경제 및 사회의 실제적 조직 그리고 성장 및 혁신의 사회논리 속에 정박시키는 방법을 찾아내야 한다. 그러나 이 과정에서 실천적 진보의 요구가 궁극적으로, 그리고 필연적으로 진보적 변화의 길을 열 것이라고 믿는 마르크스주의자의 과오를 또다시 반복해서는 안 된다.

우리는 실제적 진보를 추진하는 세력들을 어떻게 붙잡을 수 있을지, 그들이 어떻게 그들을 넘어서는 이해관계와 이상에 맞춰 방향을 잡아 나가도록 할 것인지 늘 자문해야만 한다. 이 문제는 우리가 이제야 겨우 알아채기 시작한 형태로 우리 앞에 나타나 있다. 이 문제에 접근하는 한 가지 방법은, 그것을 우선 현대의 실천적 실패와 성공의 수수께끼 맥락 속에 위치지우는 것이다.

20세기를 보내는 동안 몇몇 나라들은 시장지향적 방식과 "명령주의적" 또는 정부 주도 방식에 모두 능한 모습을 보였다. 그들은 상황이 요구하는 바에 따라 경제관리 방식을 한 스타일에서 다른 스타일로 바꾸었다. 세계의 그 어떤 나라도 미국만큼 자유시장 종교—이는 시장경제의 특수한 버전일 뿐인데 그 본질과 잘못 동일시되었다—에 더 집착한 나라도 없었다. 그럼에도 불구하고 제2차 세계대전이라는 국가비상상태가 요구했을 때 미국은 격식에 얽매이지 않고 이 자유시장 종교를 내동댕이쳤다. 자유시장 종교를 대신하여 이 나라는 국가 자원의 강제적 동원, 최상층 계층에 대해 거의 몰수 수준에 가까운 높은 한계세율의 부과, 민간기업과 정부 사이뿐 아니라 민간기업들 사이에 규칙에 얽매이지 않는 상호 조정을 확립했다. 그 결과는 엄청났다. 4년 사이에 GDP가 거의 2배가 되었다. 확실히 전시 상황이란 예외적인 것이었지만, 전시 상황만으로는 이런 결과를 가져온 지속 가능한 능력을 생산할 수 없었다.

이와 대조적으로, 다른 나라들은 시장지향적 해법과 "명령주의" 해법을 혼합했다. 그들은 경제의 제도적 조직에 관한 한 거의 모든 것을 시도했고, 거의 모든 것에 실패했다.

시장과 명령의 대립이 두 세기에 걸친 이데올로기 논쟁의 중심에 놓여 있다. 논쟁의 조직 원리로서 이 대립은 이미 죽었거나 죽어 가는 중이다. 이런 식으로 이데올로기 논쟁 구도를 만드는 방식은 이 대립이 죽기 훨씬 전부터 두 가지 이유로 저항을 받았는데, 이는 당연한 일이다.

저항의 첫 번째 이유는, 대의민주주의와 자유로운 시민사회와 마찬가지로 종래의 이데올로기 논쟁의 초점이 시장경제가 북대서양 세계에 지배적인 형태와는 매우 다른 제도적 형태를 띨 수 있다는 점을 인식하지 못한 것이다. 시장에 얼마만큼의 공간을 주어야 할지와 관련해 잘 알려진 이데올로기 논쟁—적어도 가능한 한 급진적인—을 가로지르는 것은, 어떤 종류의 시장경제를 수립해야 할지에 대한 논쟁이다.

저항의 두 번째 이유는, 시장이냐 명령이냐의 양자택일은 모든 것에 성공하느냐 모든 것에 실패하느냐의 수수께끼에 대처하지 못한다. 20세기 역사는 그에 대한 명백한 증거를 제시해 왔다. 시장 지향적이면서 동시에 정부 주도적인 틀을 만드는 데 성공한 나라들은 우월한 협력적 실천의 틀을 구현했던 나라들이다. 그런 협력적 실천에 숙달함으로써 이들 나라는 제도 시스템을 유연하게—상황에 따라 때로 더 시장기반적이거나 때로 더 "명령주의적"인 방식으로—변화시킬 수 있었을 뿐만 아니라, 그러한 각 시스템이 최고의 효과를 내도록 시장이나 정부를 활용했다. 이들 사회는 협력과 조형력plasticity[5]을 결합하는 법, 다시 말해 협력 형태의 혁신을 포함하여 최대로 가능한 데까지, 혁신친화적으로 함께 일하는 방법을 배웠던 것이다.

오늘날 세계에서 크나큰 중요성을 획득한 이와 같은 혁신친화적인 협력적 실천 방식이 실험주의적 전위주의의 핵심을 이룬다. 부국이나 개도국에서나, 미국·일본·독일이나 중국·인도·브라질에서나 똑같이 최고 기업과 최고 학교를 구별짓는 것이 바로 이것이다. 생산과 학습의 전위부대 네트워크가 세계경제에서 압도적 힘이 되었다. 이 전위부대들은 제품과 서비스 및 기술뿐만 아니라 사람, 창안, 아이디어를 교환하면서 교류하고 있다.

---

5 웅거 사회이론의 핵심 개념 중 하나로, 어떤 사회구조가 고착화되지 않고 형성되고 재형성될 수 있는 능력 및 용이성을 가리킨다.

이러한 선진적인, 실험적 실천의 중요한 징표로서 한 가지 들 수 있는 것이 감독 역할과 실행 역할이라는 대조적 구분의 약화이다. 이에 따라 다음과 같은 일련의 효과가 나타난다. 실행 역할 자체의 구획이 유연해진다. 실제적인 제약 조건들이 허락하는 한, 새로운 노력의 초점을 작동의 최전선으로 이동시키려는 경향이 나타난다. 이 경향은 우리가 쉽게 반복할 수 없다. 아직 이를 하나의 공식으로 만드는 방법을 배우지 않았기 때문이다. 동일한 영역 안에서 협력과 경쟁을 기꺼이 결합하고 중첩시키려는 경향이 생겨난다. 그리고 협력체제에 종사하는 집단들은 자신들의 집단적 이해관계와 정체성을 재해석하고, 앞으로 나아가면서 그것들을 다시 해석할 것을 기대하는 경향이 있다. 이러한 실천들은—단지 자본의 축적이나 기술의 개선만이 아니라—실제 생활을 혁명화하는 전위주의를 불러일으킨다. 독특한 방식의 협력이 기술과 과학이 갖고 있는 전환의 잠재력을 열어 놓는다.

　협력적이고 혁신적인 능력에서 이런 진전을 직접 경험하는 부문은 계속 행복한 소수에 한정될까? 아니면 많은 사람들의 경제와 사회생활로 침투하게 될까? 부유한 나라들은 계속해서 세금과 이전지출을 통한 보상적 재분배에 의존할 것인가? 개발도상국은 경제의 선진부문과 후진 부문 간의 단절에 기인하는 광범위한 불평등을 약화시키려 할 때 소자산과 소기업의 정치적 지지 확대에 계속 의존할 것인가? 아니면 경제와 사회에서 선진부문을 혁명화하는 실천을 일반화하는 방도를 찾아낼 것인가? 우리는 전변환하기보다 교화하는 것에 그치고 말 운명인가?

이 질문에 답하는 것은 오늘날 진보적 대안에 헌신하는 사람들에게 화두이자 기회이다. 그런 대안을 위한 투쟁을, 우리 삶을 짓누르는 빈곤, 질병, 고단함을 덜어 줄 실제적 진보에 가담하기로 연결시킬 기회이다. 동시에 이는 진보적 프로그램을 새로운 것의 항구적 창조라는 대의로 연결시킬 기회이다. 이른바 대안이 없다는 독재는 좁은 이해와 비실제적인 경건성을 결합시키는 방식으로는 결코 극복되지 않을 것이다.

이러한 이유에서 우리는 사회 그리고 문화 속에서 이와 같은 혁신 친화적 협력을 뒷받침하고 이를 확산시킬 유리한 조건을 파악할 필요가 있다. 오늘날 이용 가능한 자원과 그 한계 안에서 이 조건들을 어떻게 확보할 수 있을지를 성공적으로 보여 줄 때, 비로소 진보적 대안은 확산될 수 있다.

첫 번째 조건은 극단적인 뿌리 깊은 불평등을 벗어나는 것이다. 그러나 세세한 부분에 대한 엄격한 평등주의에는 얽매이지 말아야 한다. 상속된 계급이익은 민주주의와 조화될 수 없거나 그 결과가 정당화될 수 없다. 그러나 개인이 자신의 계급에서 벗어나거나 그 자녀가 소속 계급에서 벗어나는 것보다 더 중요한 것은, 사회적 분할과 위계의 구조때문에 사람들이 어떻게 함께 일할 수 있는가가 완전히 미리 결정되지 않도록 하는 것이다.

두 번째 조건은 사람들이 교육 및 경제적 수단을 얻는 방식이 사회적·경제적 생활의 실험적인 재구성에 최대한 개방되도록 역량을 갖추게 하는 것이다. 기본적 인권이 갖는 실제적 의미는 명백한 역설에 근거한다. 우리는 시장의 변덕과 정치적 불운에 대처할 수 있도록 사람들의 기본적 권리와 역량을 보장해야 한다. 그러나 우리가 그렇게 하는 것은, 그런 권리와 역량을 가진 사람들이 혁신과 변화의 한가운데서 더욱 번영하기를 희망하기 때문이다. 우리는 정치와 시장의 단기적 변화에 영향을 받지 않도록 어떤 것—기본권을 정의하는 규칙—를 빼내고, 그렇게 함으로써 무엇이 바뀔 수 있는지도 제한한다. 그러나 우리가 그렇게 하는 것은, 더 넓은 가치 있는 변화를 위한 지평을 연다는 희망 때문이다.

우리는 기본적 권리에 기반한 개인의 역량 신장과, 그 개인의 사회적 위치가 갖는 유연성 사이에 어떤 고정된 역™의 관계도 받아들일 필요가 없다. 충분한 대담성과 상상력만 있다면 더 많은 안전장치와 더 많은 유연성을 동시에 가질 수 있다. 전통적인 사법 및 정치적 민주주의 형태들이 카스트 제도보다 덜 경직되고 더 많은 권리를 제공할 수 있는 것은 사실이다. 그러나 전통적인 형태들이 제공하는 권리는 오늘날 전 세계 진보주의자들이 찾아야 하는, 시장을 민주화하고 민주주의를 심화시킬 대안적인 방법보다는 적다.

우리의 사회와 문화 속에 혁신친화적 협력을 뒷받침하고 이를 확산시킬 세 번째 조건은, 사회와 문화 속에 실험주의적 열정을 확산시키는 것이다. 이 열정을 키우는 주된 원천은 청년기에 수학해서 사회에서 일하는 기간 내내 이용할 특별한 교육 방식임이 분명하다. 이 교육형태는 다음과 같은 특성에 따라 구별지어져야 한다. 필요한 교육은 정보 제공적인 것이 아니라 분석적이고 문제 제기적인 교육이어야 한다. 백과사전적인 것이 아니라 전형을 채택하여 심화시키는 교육, 학습과 강의에서 고립적이거나 권위주의적이지 않고 협력을 장려하는 교육, 그리고 대화를 통해 진행하는 교육, 이를테면 올바른 교의敎義를 담은 폐쇄된 정전正典을 주입하는 것이 아니라 대비가 되는 방법과 견해를 탐구하는 교육이어야 한다.

혁신친화적 협력을 뒷받침할 네 번째 조건은, 재난에 의존해 변화를 꾀하는 경향을 약화시키며 자체 수정을 조직화하고 용이하게 하는 제도와 담론을 설계하려는 노력이다. 프랭클린 루스벨트는 전쟁과 경제적 붕괴를 동맹자 삼아 개혁 프로젝트를 추진했으나, 파멸당하기 전에 먼저 변화할 수 있어야 한다. 따라서 우리만의 제도와 담론을 재설계하지 않으면 안 된다.

오늘날의 사회 현실에 적합한 진보적 대안은 이 네 가지 필수 조건을 확보할 방안이 무언지를 보여 주어야 한다. 이 네 가지 필수 조건은 그 자체로도 필요하지만, 혁신친화적 협력을 확산시킬 장려책으로도 필수적이다. 부자 나라, 가난한 나라 할 것 없이 똑같은 무게로 요청되는 과업이다. 그리고 이 조건들은 물질적인 만큼이나 도덕적인 이해관계에 의존한다.

오늘의 사회 상황에 이를 적용하기 전에 핵심 요점을 가장 일반적인 형태로 이해하는 것이 유용하다. 우리는 일반적으로 우리가 당연시하는 가정과 구조적 틀 내에서 행동하고 생각한다. 그렇지만 때로 우리는 그 구조 틀을 변화시키려고 한다. 우리의 일상적인 맥락보존적 행동과 예외적인 맥락전환적 행동 사이의 거리는 고정되어 있지 않다. 따라서 우리는 그 거리를 좁히거나 늘리는 방식으로 우리의 제도와 담론을 구성할 수 있다. 우리에게는 이 거기를 좁힐 이유가 있으며, 이는 우리 일상 업무의 정상적인 성장으로서 조금씩 일어나는 맥락의 전환을 용이하게 해 준다. 우리가 이 거리를 좁여야 할 이유는 많다. 모든 실천적 진보가 의존하는바 실험하는—특히 협력 형태로 실험하는—자유를 강화하는 것, 도전에 대해 절연된 제도와 독단 속에 내장되어 있는 사회적 분할 및 위계 체계의 기득권 토대를 무너뜨리는 것, 그리고 우리가 사회 세계에 참여하는 동안에 비판하고 저항하고 개혁하는 우리의 힘을 확보하는 것이 다 그 이유가 된다.

여기서 궁극적으로 관건이 되는 것은 사회적으로 포용적인 경제성장, 그리고 넓고 더 평등한 기회의 추구 너머에 있는 어떤 것이다. 그것은 민주주의의 본질적 교의에 실질적 결과를 부여하는 우리의 능력이다. 즉, 그것은 보통 남녀들의 건설적 힘에 대한 신뢰이며, 그 힘을 고양시키고 더욱 원대하게 하려는 공약이다.

제7장

개발도상국: 포용적 성장

개발도상국의 최근 경험은 두 가지 중요한 교훈을 준다. 이 교훈들은 모순적으로 보이지만 외견상 그럴 뿐이다. 첫 번째 교훈은, 시장의 힘을 제어할 고삐를 풀어 버리면 나라 경제는 성장하지만 빈번히 불평등의 극적인 증대를 동반한다는 것이다. 두 번째 교훈은, 중국이나 이보다 못하지만 인도처럼 개발도상국 중 가장 많이 성장한 나라들은 부자 나라들의 정부나 금융자본가 및 학자들이 강요해 온 공식에 가장 덜 순종한 나라들이라는 것이다.

가장 성공한 개발도상국들은 가장 풍부하게 제도적 혁신을 이룬 나라들인데, 특히 시장경제 그 자체의 제도적 정의에서 혁신을 달성했다. 게다가 이 나라들은 발전 전략과 제도 구성에서 자국의 이단적 방식을 옹호하는 방어막을 세운 고집스런 나라들이었다. 자국 정부의 운신 폭을 확대하는 정책 주도권에 대해 이 나라들은 방어막을 세웠다. 승리의 공식이란 다음과 같은 것이었다. 시장과 세계화, 예스, 그러나 우리 자신만의 방식으로.

그러나 비교적 성공을 거둔 이단조차도 가장 중요한 문제에서는 실패했음이 드러났다. 사회적으로 포용적인 성장과 개개인의 역량 신장 문제가 그것이다. 중국의 경우 수백만 명의 사람들이 지옥 같은 실업, 불안 그리고 공포 속에서 살고 있다. 인도의 경우에는 다수 국민들이 여전히 비공식 경제의 그늘 속에서 권리도 희망도 없이 살아가고 있다. 중국에서 나라의 자립 주장은 독재와 결부되어 있고, 이제 이 독재는 혁명적 신념을 신봉하지 않으며 억압적 행동을 변호하기 위해 사용되기 일쑤다. 인도에서는 민주정치가 민족이라는 아이디어가 담고 있는 약속을 노동하는 보통 남녀의 역량을 신장하고 기회를 확대하는 현실 쪽으로 전환시키는 데 실패했다. 개발도상 세계 전체를 돌아보면, 수많은 사람들이 기아에서 벗어날 때조차도 법과 기회의 공백 상태에서 고통받고 있다. 그들은 진작에 메시지를 받은 바 있다. 즉, 그들은 자신들이 신성한 존재임을 알고 있다. 그렇지만 고통을 견뎌 내고 일어설 수가 없다.

다른 길이 존재한다. 이 길은 최근 경험이 보여 주는 교훈, 특히 제도적 혁신과 국가적 도전에서 성공을 거두었지만 절반에 그친 성취에 기반을 두고 있다. 이 대안의 작업 가설은, 개발도상국이 오늘날 북대서양 부자 나라들에서 확립된 것과 같은 시장경제, 대의민주주의, 자유로운 시민사회라는 좁은 틀 내에서는 포용적 성장이란 목표를 달성할 수 없다는 것이다. 각국의 조건과 계기에 따라 마땅히 변화되어야 하지만, 그 기본적 방향은 오늘의 상황에 폭넓게 들어맞는다. 변화의 네 가지 축이 이 대안 프로그램을 정의한다. 이 변화의 축들은 청사진은 아니며 단지 방향을 일러 줄 뿐이다. 원래 프로그램적 논변이란 나아갈 방향과 일련의 순서를 제시하는 것이다.

첫 번째 축은 이단異端을 지키는 방어막을 세우는 것이다. 이는 각국이 자기 방식으로 시장과 글로벌화로 나아갈 수 있게 하면서, 사회적 포용성장을 사고하고 구현케 하는 정책과 제도를 배치하는 것이다. 오늘날 이런 방어막을 세우는 것은 과거 금본위제에 대한 기능적 등가물을 결단코 거부하는 것이다. 19세기 금본위제의 요점은 경제활동 수준을 기업의 신뢰 수준에 종속시키는 것이었다. 그리하여 국민국가의 정부가 금융적 부를 장악한 사람들의 이익에 얽매이게 만들었다.

오늘날 이미 사망한 과거 금본위제의 기능적 등가물은 부자 나라가 아니라 일부 순응적인 개발도상국에 부과되고 있다. 그 구성 요소는 낮은 국내 저축 수준과 그에 따른 외자外資 의존, 낮은 조세율이다. 고세율은 국내 부채를 상환해야 할 때만 예외적으로 취해지는데, 그 국내 부채란 노동자 및 생산자로부터 불로소득 계층으로 부富를 이전시키는 수단에 불과하다. 그리고 거의 무제한적인 자본 이동의 자유가 포함된다.

이런 정책은 정부가 국제 자본시장의 비위를 맞추어야 할 필요성을 강화하는 결과를 초래한다. 그러나 이런 종속이 자발적 굴종으로 지탄받기는커녕 이익이라고 신봉되는 것이 오늘의 현실이다. 사이비정통의 수호자들은 이 같은 의존이 정부가 빠져들지 모를 포퓰리즘적 모험주의와 무책임을 막아 준다고 생각한다. 이단에서 세우는 방어막은 이같이 과거 금본위제처럼 황금에 드리워진 그림자에 대한 결정적 대안인 것이다.

방어막을 쳐야 할 첫 번째 요소는, 강제로라도 국내 저축 수준을 높이는 것이다. 금융시장에 저항할 더 많은 자유를 가져야 한다는 전략적 요구가, 저축이 성장의 원인이 아니라 결과라는 인식을 눌러야 한다. 나라 자원의 강제적 동원은 높은 누진적 비율의 의무 저축, 특히 의무 연금저축을 요구할 것이다.

높은 저축은 적절히 생산으로 흘러가지 않으면 무용하며, 심지어는 위험하다. 오늘날 지배적인 관념과 심지어 널리 수용되는 학술 용어로는 경제의 제도적 틀이 저축과 생산의 연계를 탄탄하게 하는지 느슨하게 하는지를 파악할 수가 없다. 그리하여 저축의 생산적 잠재력의 큰 부분이 금융 카지노에서 낭비되는 상황이 방치되고 있다. 그러나 사실 가장 부유한 경제에서조차 생산적 자금은 대부분 회사의 내부유보로 조달된다. 은행과 주식시장을 통해 모아진 광범위한 저축 중 일부만이 정상적으로 생산활동의 자금조달과 연관을 가질 뿐이다.

따라서 이단에서 추구해야 할 방어막의 두 번째 요소는 기존 자본시장의 내부 및 외부에서 이 저축과 생산의 연계를 공고히 하려는 노력이다. 이 공고화 방안에 벤처캐피탈이 방치한 일을 수행하는 방안이 포함된다. 예컨대 독립적으로 관리되면서 경쟁하는 기금이 의무저축분 중 일부가 신생기업으로 흘러가도록 하는 일을 맡는 것이다.

이단이 쳐야 할 방어막의 세 번째 요소는 재정적 현실주의다. 이것은 잠시 경기景氣 관리를 포기하는 대가를 치른다 해도, 정부가 정부 차원의 이용가능한 재정 수단을 제약하며 살아갈 생각을 해야 한다는 것이다. 이단의 방어막에서 재정적 현실주의의 역할은 오늘날 부자 나라가 가난한 나라에 충고하는 사이비정통 내부에서 하는 기능과는 정반대이다. 즉, 다른 길을 따라 발전할 수 있는 방도를 강화하는 기능을 해야 한다.

단기적으로 재정 현실주의가 요구하는 높은 세금을 거둘 유일한 방법은, 저축·노동·투자유인投資誘引에 끼칠 부정적 효과를 최소화하면서 명백히 역진적인 부가가치세VAT와 같은 세금에 크게 의존하는 것이다. 부가가치세는 적게 벌기 때문에 저축도 적게 할 수밖에 없는 납세자에게 역진적으로disproportionately 세금을 부과한다. 조세 체계 설계에서 공정성은 희생된다. 그러나 이 희생은 재분배 지향적 사회지출로, 또한 이 사회지출이 지원하는 프로그램의 기회 창출 잠재력으로 보상받고도 남는다. 일단 이단이 확립되고 나면 과세 초점은 적절한 대상으로 옮겨 갈 수 있다. 이때부터는 생활수준의 계층적 차이(개인 소비에 대해 누진적인 과세)와 경제력의 축적(부, 특히 가족의 증여나 상속에 대한 높은 과세)에 따라 과세하는 것이다.

이단의 방어막을 구성할 네 번째 요소는, 화폐 이동에 대해 가차 없이 전술적 기회주의를 구사하는 것이다. 외환보유고를 세심하게 관리하고 자본 이동을 잠정적으로 엄격히 제한해야 한다. 그러다가 상황 변화에 따라 필요하면 자국 통화를 달러와 연계시키고 자본 이동을 완전히 자유화시킬 수도 있다.

이상과 같이 이단의 방어막을 세운다는 것은 곧 전쟁 없는 전시경제를 수립하는 것이다. 이는 청원자가 모반자로 바뀔 수 있는 자원의 강제적 동원 방식이다. 바로 이런 방어막의 설치가 개발도상국에서 구성원 개개인이 역량을 신장하고 시장을 민주화하며 민주주의를 심화시킬 수 있는 공간을 창조하게 되는 것이다.

진보적 대안의 두 번째 축은 개인의 역량증진이다. 사회정책의 기조는 단지 더 많은 평등을 달성하는 것으로 그쳐서는 안 된다. 정책의 목표는 어디까지나 개개인의 역량 강화에 맞춰져야 한다. 오직 경제와 정치의 재조직화만이 이 목표 실현의 주요한 수단이 될 수 있다. 그러므로 교육이 핵심적 사회정책이 되어야 한다. 교육의 재조직화는 여타 공공서비스에서도 어느 정도 모델의 역할을 할 수 있을 것이다.

가난한 나라든 부자 나라든, 민주주의에서 교육의 주된 책임은 개인이 자신의 현재 상황을 극복할 수단을 갖도록 하는 한편, 주어진 상황에서 행동하고 사고할 능력을 키워 주는 것이어야 한다. 주어진 상황에 도전하고 이를 개혁하는 것은, 비록 그 개혁이 조금씩 부분적으로 이루어진다 해도, 더 완전한 이상과 이해를 실현할 수 있는 조건이다. 뿐만 아니라 이는 개인의 경험과 창의력이 우연히 태어난 사회문화적 세계가 규정하는 한계 안에 결코 얽매이지 않는, 우리 인간성의 필수적 표현이기도 하다. 학교는 반드시 미래의 목소리여야 한다. 학교는 아이들이 속해 있는 가족, 계급, 문화 그리고 역사적 시기로부터 아이들을 구출해 내야 한다. 따라서 학교는 지역공동체나 정부 관료제의 수동적 도구가 되어서는 안 된다.

자원 기반의 측면에서, 학교는 불평등을 강화하는 것이 아니라 오히려 불평등을 보상해 주어야 한다. 다시 말해, 학교는 결코 지방재정에 의존해서는 안 된다. 각 아동을 위한 최저 투자 기준선이 있어야 하고, 각 학교마다 성과의 최저선이 있어야 한다. 지방 당국과 중앙 당국은 학교가 이 기준을 달성하지 못했을 때 올바르게 개입해야 한다. 교육의 내용 측면에서는, 일반적 역량의 핵심을 배양하는 데 초점을 두어야 하며 실험적 문화에 참여하는 심성을 길러 주어야 한다. 계급체제에 대한 태도의 측면에서는, 계급과 능력주의 간의 모순을 감추는 것이 아니라 이를 예리하게 살피는 태도를 취해야 한다.

가족을 통한 유산상속이 막강한 힘을 발휘하고 있는 사회에서, 가장 재능 있고 열심히 공부하는 학생들에게, 특히 그들이 불이익과 맞서 싸울 때 아낌없이 기회를 주고 지원하는 것보다 더 자극과 열망을 불러일으키는 제도는 없을 것이다. 장기적이든 단기적이든, 기존의 불평등을 무너뜨리는 데에 상속엘리트를 격파할 공화주의적 대항엘리트를 양성하는 것보다 더 계산된 방안은 없다. 이 대항엘리트들은 선행자들만큼이나 이기적일지 모른다. 이들은 불평등 상황의 수혜자로서, 더 정의롭다기보다는 더 유용한 자들이다. 그럼에도 이들의 등장은 앞서 개략적으로 언급한 프로그램을 도와줄 새로운 갈등집합의 신호탄이 될 것이다.

만약 한 나라가 사회적으로 포용적인 경제성장을 조직화하는 데 실패한다면 어떻게 해야 할까? 그때는 별수 없이 이단의 방어막이 걷히고, 역량 있는 개인들이 에너지를 생산적으로 사용할 수 있는 적절한 기회를 갖지 못할 것이다. 따라서 오늘날의 세계 상황에서 그런 조직화는 현재 시장경제 형태의 재구성을 요구하는 것이다.

우리는 200년 동안이나 시장이냐 명령이냐 중에서 양자택일하는 관념적 논쟁에 길들여져 왔다. 이런 택일적 사고방식은 오늘날 해법이 필요한, 개발도상국의 미래에 결정적 중요성을 갖는 한 가지 주요한 문제를 은폐하고 있다. 시장규제나 아니면 재분배적 조세-이전 방식으로 시장이 낳는 불평등을 보상하는 것만으로는 불충분하다. 시장을 재창조할 필요가 있다. 다시 말해, 시장을 제자리에 가져다 놓을 제도적 배치를 재정의할 필요가 있다.

이 일에는 두 가지의 주된 과제가 있다. 첫 번째 과제는, 경제성장의 수요와 공급 두 측면 모두에서 기존 틀을 깨트리는 선진부대를 구축하여 새로운 진보를 위한 기초를 닦는 일이다. 각각의 선진부대는 현상태의 경제가 생산하고 유통시킬 수 있는 능력의 한계를 확장시킨다. 이에 따라 수요와 공급은 각기 작은 위기를 낳게 되는데, 이는 오직 공급과 수요 측면에서 또 다른 선진부대에 의해서만 해결될 수 있다. 수요와 공급 각각의 선진부대는 더 많은 것을 포섭함으로써 더 많은 것을 해 내는 기획에 기여하게 된다.

그 결과는 시장을 억압하는 것이 아니라 시장에 참여할 기회를 확대함으로써 생산적 활동의 열기를 불러일으키는 것이다. 지금까지의 시장경제제도 형태를 재조직화하는 일을 동시에 착수하지 않고는 시장 활동에 종사할 기회를 확대할 수 없다.

두 번째 과제는, 이처럼 열광적인 생산활동을 창조하면서 엄격한, 경쟁적인 선별 기제를 부과하는 것이다. 이 두 가지 과제는 개념적으로는 구분되지만 동시에 수행될 수 있고 그렇게 해야만 한다.

먼저 공급 측면에서 진보적 개입이 어떻게 작용하는지는 다음의 역사적 사례를 보면 잘 이해할 수 있다. 19세기 미국은 아프리카 노예제의 끔찍한 모루 위에서 형성되었다. 그럼에도 불구하고 미국은 농업과 금융에서 이전의 그 어떤 것보다 더 분권화되고 포용적인 시장을 창출했다. 토지와 농업을 둘러싼 다툼의 결과로 유례없이 효율적인 농업 시스템이 창조되었는데, 이는 가족농 간의 협력적 경쟁뿐만 아니라 정부와 가족농 간의 전략적 파트너십에 기반을 둔 것이다. 연방은행을 둘러싼 투쟁의 결과, 연방은행은 폐기되고 가장 분권적이고 효율적인 시스템이 창조되었다.[6] 이는 생산자와 소비자 저축 간의 접근가능성을 세계사상 유례없이 높였다.

이 사례는 특수하며 그대로는 오늘날의 문제에 적용될 수 없을 것이다. 그러나 이 사례가 입증한 원리는 그 힘을 잃지 않았다. 이런 방식으로 시장을 민주화하는 일은 오늘날 세계의 모든 국민경제, 모든 부문에서 단연코 실현되어야 하는 작업이다. 세계 어디서나 유용한 것은 개발도상국에서는 긴급한 것이다.

6　미국은 건국 이래로 주 단위의 분권 전통이 매우 강력했으며(연방주의와 주권州權주의의 대립) 오랫동안 연방중앙은행이 설립되지 못했다. 남북전쟁 이래 미국 정부와 금융재벌 간 화폐금융체제의 지배권(화폐 발행권 및 통화정책의 방향)을 둘러싼 다툼이 치열했다. 1907년 금융공황을 계기로 1913년에 와서야 미국 중앙은행인 연방준비제도Federal Reserve System가 탄생했다. 연방준비제도는 12개의 지역 연방준비은행과 이를 총괄하는 연방준비제도이사회 Federal Reseve Board(약칭 FRB)로 되어 있고, FRB가 통화정책을 총괄하는 역할을 수행했다. 연방준비제도에서 가장 큰 지분을 가진 곳은 뉴욕은행이었는데, 뉴욕은행은 소수 민간은행이 대주주였다. 미국 금융사의 진보적 경험에 대한 웅거의 관심은 주로 지역은행과 기업 간의 협력 관계에 맞춰져 있고, 화폐 발행권이나 통화정책 방향에 대한 관심은 미약해 보인다.

따라서 공급 측면에서의 진보적 개입은 일련의 제도적 혁신 형태를 취해야 한다. 이 혁신은 신용·기술·전문 지식에 대한 접근을 발본적으로 확대하고, 가장 성공한 지역의 생산 실험과 기술 혁신을 찾아내고 발전시키며 널리 확산시키는 일을 돕는 것이다. 고식적인 진화론적 성장 사고에 따르면 개발도상국은 오늘날 선진국에서 쇠퇴 과정에 있는 전통적이고 경직적인 대량생산 산업을 위한 플랫폼이 되어야 하지만, 우리는 이 따위 낡은 사고에 저항해야 한다.

　혁신친화적 협력과 협력적 경쟁의 실천이 부유한 나라의 하이테크, 지식집약적 생산의 특권이라 여기는 것은 사실에 반하는 편견이다. 남이 하는 대로 따라 하는 방식에서 탈피해 남들의 시간표 이전에 이 같은 혁신적 실천들을 확산시킬 목표를 가져야 한다. 선진국 기준으로 보면 초보적이라 할 부문에서도 이 같은 실천이 이루어지도록 도와주어야 한다. 국가가 위로부터 내리꽂는 마스터플랜에 의존하지 말고 국민경제 전반에 걸쳐 이런 실천이 확산될 수 있도록 유리한 환경을 조성해야 한다.

　기업에 대한 정부의 거리두기 규제 방식이 특징인 미국 모델도, 중앙 관료가 무역 및 산업정책을 전관하는 동북아 모델도 이 과제를 감당할 수 없다. 이 과제의 실현은 단일하지 않고 다원주의적이고, 권위주의적이지 않고 참여적이며, 독단적이지 않고 실험주의적인 공적 행동과 민간 주도의 기획 간 전략적 조정 형태를 요구할 것이다. 이때 사기업에 대한 공적 지원이 정당화되는 경우는 오직 기회를 확대하는 방식으로만, 즉 더 다양한 견지에서 더 많은 경제주체에 더 많은 기회를 제공하는 경우이다. 정태적으로 보면 사적 이해에 봉사하는 정부 보조금처럼 보이는 것도, 제도적 틀을 재설계하면 시장을 확대하는 조치로 기능할 수 있다.

이 과업에서는 정부와 민간기업 사이를 매개하는 무수한 기금 및 기술지원 센터가 주요한 역할을 할 수 있다. 그런 기금 및 센터가 고객 기업과 맺는 여러 관계 유형으로부터 사적 소유와 사회적 소유의 대안 체제, 구체적으로는 같은 생산적 자원으로부터 권리 묶음의 공존을 조직하는 다양한 방식이 서서히 발전해 나올 수 있다. 그렇게 되면 같은 국민경제 안에서 사적·사회적 소유의 다양한 체제가 실험적으로 공존하기 시작할 것이다. 고전적인 19세기의 사적 소유 형태, 즉 자신의 위험부담으로 자신이 통제하는 자원을 가지고 자신이 하고 싶은 것을 하는 형태는 그런 다양한 체제들 중 단지 한 가지 유형으로 간주되어야 한다. 그런 형태를 유일한 것으로 보아서는 안 될 일이다. 왜 사회의 생산적 힘을 시장경제의 단일 버전에 묶어 두어야 하는가?

공급 측면에서 진보의 재구성은 카운트파트로서 수요 측면에서 노동에 대해 보수가 더 높아지는 방향으로 가야 한다. 오늘날의 경제적 신조 중에서 노동에 대한 보수가 생산성 성장 이상으로 올라가서는 안 된다는 견해, 아무리 그렇게 하려고 해도 인플레이션으로 원상복귀될 것이라는 견해보다 더 노골적으로 뿌리 깊게 기득권을 옹호하는 견해는 없다. 이는 모든 자본주의 경제가 동일한 잉여가치율로 수렴할 것이라는 마르크스의 생각과도 아주 유사하다. 그러나 이 견해는 경제발전 수준과 자원 부존 상태가 유사한 나라들에서도 노동의 분배

몫이 크게 다르다는 사실이 알려지며 오류임이 드러났다.

　노동에 대한 실질보수의 증대는 대중소비시장을 심화시키는 데 필수적인 기초다. 이로써 수출과 세계화가 내수시장의 심화로도 분명하게 나타나는 활력의 표현이 되게 하는 경제성장 전략이 가능해진다. 노동 보수를 증대시키는 방법은 개도국들의 여러 상황들만큼이나 다양하다. 예컨대, 임금 계층의 맨 위쪽에서는 기업 이윤의 노동자 분배 원칙을 점차 일반화시키는 방안을 생각할 수 있다. 임금 계층의 아래쪽에서는, 최저임금 및 최저 숙련층의 고용 및 훈련에 인센티브나 넉넉한 보조금을 주는 것이 최선일 수 있다. 임금 계층의 중간에는 모든 노동자가 자동적으로 조합원이 되게 해서 임금 및 노동권 협상 때 노동자 범주를 넓게 포함시키는 노동법 체제가 가장 유망한 방안이 될 수 있다.

　그런데 공급과 수요 양 측면에서 기회의 확대를 통해 생산적 활동에 활력을 불어넣을 때에는 언제나 철저한 경쟁이 뒤따라야 한다. 기성의 대기업이 지배하는 모든 부문에서 정부와 사적 이해 간의 정경유착 거래는 파기되어야 하며, "자본가들"에게 "자본주의"가 강요되어야 한다. 경제활동에서 다산적多産的 창의력과 냉혹한 경쟁적 선별 기제를 결합시키는 것이 급속하고 지속적인 진보를 위한 해법이다.

　이상과 같이 개발도상국을 위한 진보적 대안의 최초의 세 가지 가이드라인으로 말한 개혁들은 결코 계몽엘리트가 수동적 시민에게 위로부터 하달하는 선물과 같은 것이 되어서는 안 된다. 이 개혁들은 고양되면서도 조직된 대중 동원의 여건 안에서만 진전되고 지속될 수 있다. 이 개혁의 성패는 반복되는 구조개혁의 실천을 얼마나 용이하게 진행하는가에 달렸다. 여기서 구조개혁은 일상의 사회생활 틀을 규정하는 관행과 제도를 개혁함을 말한다. 개혁이란 개인 삶의 향상이 기성의 관행 및 제도의 경직성 속에서 이루어지기를 요구하는 것이 아니다. 개혁은 사회의 모든 부분에서 지금보다 한층 더 많은 일탈과 경험을 낳을 수 있는 여지를 요구한다. 개혁이 가져올 전반적 효과는 위기 상황에 매달려 혁신적 전환을 꾀하는 관행을 약화시킬 것이다. 개혁은 변화가 사회 및 경제생활에 "내생적內生的"인 것이 되게 바꾼다. 즉, 고전적 유럽 사회이론가들이 기성의 '사실'로 잘못 상정한 것을 '기획'으로 재정의한다. 개혁은 민주주의 정치를 미래의 항구적 창조를 위한 장치로 바꾸는 것이다.

그러므로 고에너지 민주주의 제도를 수립하는 것이 대안의 네 번째 축이 된다.

제도적 틀의 첫 번째 집합이 수행할 역할은, 정치에서 조직된 대중 참여가 높은 수준으로 지속되는 데 도움이 되게 하는 것이다. 차가운, 탈동원 정치는 사회를 재조직하는 수단이 될 수 없다. 반면에 뜨거운 동원정치는, 제도적 틀이 민주주의 에너지를 흐르게 할 때 비로소 민주주의와 양립 가능하다. 그 목표는 많은 제도적 고안들이 결합되어 누적적 효과를 낼 때 비로소 달성될 수 있다. 정당과 조직적 대중운동이 매스컴 수단에 자유로이 접근할 수 있는 여지를 확대하는 것이 한 가지 사례가 될 수 있다. 또 다른 예로는, 선거운동을 오직 공적 재정으로만 치르게 하고 모든 사적 재원을 금지하는 것이다.

제도의 두 번째 집합은 정치의 속도를 빠르게 하도록 설계되어야 한다. 예컨대 강력한 대통령 직선제는 정치 및 경제엘리트들 사이에 이루어지는 협정을 허물어 트리고 뒤엎는 데 도움이 될 수 있다. 그리고 그렇게 될 때 대통령 체제는 미국 헌법에서 매디슨이 전환을 위한 정치의 활용을 더디게 하고 봉합하기 위해 고안한 체계 때문에 갖게 된 결함을 탈피할 수 있을 것이다.[7] 간단한 창안이 이 논리를 뒤바꾸어 놓을 수 있다. 예컨대, 난국에서 빠져 나올 수 있도록 행정부와 입법부 모두에게 조기 선거를 요청할 권한을 부여하는 것이다. 두 부문 모두 선거 검증과 대면해야 할 것이다. 순수한 의회제로도 비슷한 결과를 얻을 수 있지만, 이는 직접민주주의 요소를 도입하여 의회제가 수상 독재라는 그늘 아래의 뒷문거래로 타락하는 것을 방지할 때에만 비로소 가능하다.

고에너지 민주주의의 제도적 의제를 구성하는 세 번째 집합은, 나라 또는 경제의 특정 부문에서 갖가지 일할 기회의 광범위한 확대이다. 우리는 나라 정치가 특정 경로로 나아가는 배팅이 일어나는 데 대한 대비책을 강구할 수 있어야 한다. 배팅의 대비책을 마련하는 길은, 전통적 연방주의에 표현되어 있지만 미발전 상태인 원칙을 급진화시

---

7 미국의 제4대 대통령인 매디슨은 그 당시 미국에서 대체로 부정적인 것으로 인식되던 공화정을 '대표의 구도'가 발생하는 정부 형태로 규정했다. 매디슨 체계는 전제정을 방지할 삼권분립, 견제와 균형의 원리에 따른 정부 권력의 남용 방지 등 여러 가지 제도적 장치들을 마련했다. 그러나 그 이면에 공화정의 정부 구조가 궁극적으로 동의에 기초한다는 점에서 인민의 정치 참여는 축소될 여지가 있었다. 매디슨은 단순 다수로서 인민의 지배를 신뢰하지 못했다. 따라서 사회와 인민의 다수가 요구하는 것을 정부가 수용하기는 어렵다. 이처럼 매디슨 체계에는 엘리트주의로 변질될 위험이 내재되어 있는 것이다.

키는 것이다.[8] 그렇게 하여 지방정부나 기업 및 사회조직 네트워크가 지배적 해법과는 다른 선택—구성원들이 쉽게 벗어날 수 없는 억압이나 종속 형태를 구축하지 않는 한—을 할 수 있게 해야 한다.

고에너지 민주주의를 제도적으로 조직화할 네 번째 구성 요소는, 개인의 기초자산endowment과 역량 신장이다. 개인들은 각자의 고유한 일자리와는 완전히 독립된 권리 및 편익의 기본 패키지를 가져야 한다. 경제적 조건이 허용하는 한 최대한 빨리, 사회적 상속 원칙이 도입되어야 한다. 이 원칙 하에 개인들은 대학에 가거나, 집을 사거나, 사업을 시작하는 삶의 전환점에서 그에 필요한 기본 자원을 사회기초자산 계좌social-endowment account에서 찾아 쓸 수 있다. 이 모두를 위한 사회적 상속은 점차 소수를 위한 가족 상속을 대체하게 될 것이다. 그러려면 통상적인 경제적·정치적 방도로는 개인이 도저히 벗어날 길 없는 불이익이나 배제 형태를 공고히 하는 특수 조직이나 관행을 개선할 특별 부처를 정부에 신설해야 한다.

고에너지 민주주의의 다섯 번째 구성 요소는, 가장 규모가 크고 가장 인구가 많은 주까지 포함해 대의민주주의와 직접민주주의의 결합을 시도하는 것이다. 그 수단은 앞서 본 것처럼 정치에서 조직된 대중 참여 수준을 높이고, 일반 선거민에 호소해 궁지를 빨리 타개하는 운

---

8 미국 연방 헌법을 제정하는 과정에서 연방주의자와 반연방주의자 간의 갈등이 심했다. 이러한 갈등의 결말로서, 미국의 연방정부는 헌법에 명시된 권한들만을 행사할 수 있을 뿐이고 그 나머지 권한들은 주에 귀속된다. 즉, 연방정부가 절대적인 권한을 가진 것이 아니라 지방정부가 여러 다른 영역들에서 통치권을 행사할 수 있는 것이다. 이처럼 지방정부에서 인민이 적극적으로 정치에 참여할 수 있는 길이 열려 있다.

동을 전개하는 것이다. 이런 수단에는 정부 부처 간에 합의된 국가의 중요한 문제에 관한 프로그램을 국민투표에 부치는 것이라든지, 지역 사회-경제정책의 수립 및 집행에 정부 및 기업 구조 바깥에서 조직된 지역공동체를 참여시키는 것 등이 포함된다. 여기서 목표는 정치를 탈조직화하지 않으면서 경직적인 구조를 녹이는 것이며, 나아가 효과적인 정치적 주체로서의 경험이 평범한 일상사가 되게 하는 것이다.

이상과 같은 전체 프로그램은 관행 및 제도에서 누적적 변화를 인도하면서, 사회정의 및 개개인의 역량 신장 요구가 건설적 에너지 및 항구적 혁신 쪽으로 방향을 잡도록 해 준다. 프로그램의 목적은 뜨거운 심장이 없는 세계를 덜 냉혹하게 만드는 것이다. 이는 세속적 성공을 민주주의의 약속과 화해시킬 수 있는 우리 능력에 대한 신념의 실제적 표현으로 기여할 것이다. 이 공식은 부유한 북대서양 민주주의의 현 상황 및 전망에도 마찬가지로 적용된다.

제8장

유럽: 사회민주주의의 재창조

사회민주주의는 가장 널리 칭송받는 선진사회 형태였다. 그러나 이는 본고장인 유럽에서 오래전부터 후퇴해 왔다. 다른 나라에서 볼 때 유럽식 사회민주주의는 미국식 제도 및 미국 패권주의와 연관된 시장경제 유형보다는 포용적이고 평등주의적인 시장경제 유형과 세계화의 약속을 의미했기 때문에, 이러한 후퇴가 우리의 미래에 던지는 의미는 의미심장하다.

과거의 이른바 "라인 모형"[9]의 전통적 공약들, 즉 경제 침체와 마주해 노동자를 보호하고 대기업에 대해 소기업 특히 가족기업을 보호하

9　영미 국가의 자유시장 자본주의형과 달리, 독일식 라인 자본주의Rhine Capitalism 모형은 노사의 사회적 파트너십이 강하며 자본시장보다 은행을 중심으로 자본을 조달하고, 연구 개발에 장기투자하는 특성이 있다. 또한 복지제도는 북유럽의 보편적 복지가 아니라 종사자 기반의 사회보험에 토대를 둔다. 따라서 내부자와 외부자 간의 이중화 문제가 발생할 여지가 크다. 하지만 이 책에서는 독일 등 유럽대륙 국가와 북유럽 국가의 사회경제 모형을 구분하지 않고, 라인 모형이 유럽 사회민주주의 국가들을 통칭하는 것으로 사용되고 있다. 하지만 엄밀하게 말하면 독일의 라인 모형과 북유럽의 모형은 다르다. 라인 모형에 대한 자세한 설명은 미셸 알베르 지음, 김이랑 옮김, 《자본주의 대 자본주의》, 소학사, 1993 참고.

며 주식시장의 단기주의에 맞서 기업 내부 구성원을 방어하는 공약, 이 모든 것들이 조금씩 포기되어 왔다. 이 공약들을 희생시킨 명분은, 그보다 더 가치 있는 것으로 간주된 것, 즉 부담을 공정하게 분배함으로써 공동이익을 더 잘 실현하고 관대한 사회보장권(높은 조세수입으로 가능한)을 더 잘 보존할 "사회계약"을 협상할 능력을 보호한다는 것이었다. 사회민주주의의 최후 방어선으로 제시된 이 권리들의 보호를 위해 다른 모든 것은 느리지만 냉혹하게, 재정적 현실주의와 경제적 유연성 그리고 글로벌 경쟁이라는 무자비한 지상명령 아래 포기되는 과정에 있다.

이런 마당에 선진 부국의 진보주의자들은 전통적 콘텐츠를 일부 회복할 새로운 기회를 고대하며 이제 내장이 빠진 이 역사적 모형에 매달려야 할까? 그게 아니면 더 근본적인 방향 변화를 제안해야 할까? 이 질문에 대한 답은 오늘날 유럽 사회의 주요 문제들을 해결하는 과정에서 유럽 사회민주주의를 형성해 온 역사적 타협의 실패 이력을 들여다보면 나온다.

사회민주주의는 후퇴를 통해 형성되었다. 사회민주주의는 그 역사적 형성기에 생산과 정치 모두를 재조직하려는 시도로부터 후퇴하였다. 이러한 후퇴의 대가로 그것은 보상적 소득재분배 영역에서 강력한 지위를 얻었다. 근대 사회민주주의 창시자들이 그토록 소망했던 정치와 경제는 당시 상황에서는 재조직될 수 없었다. 그러나 교화될 수는 있었다. 많은 교화는 경제적 불안정성이 가져올 결과에 맞설 방어 수단을 갖추려는 노력들의 성공으로 이루어졌다. 그러나 오늘날 사후적이고 보상적인 재분배 정치는 유럽이나 어떤 선진사회에서든 그 사회가 직면한 주요 문제들에 적절히 응답하지 못한다. 사회민주주의는 그 역사의 초기에 빨리 후퇴했던 두 가지 지형, 즉 생산과 정치의 조직화로 재진입할 필요가 있다.

이러한 주장의 진실은 선뜻 분명해 보이지 않을 수 있다. 왜냐하면 적어도 사회민주적 역사적 타협의 한계 내에서 이뤄질 수 있을 것 같은 사회민주주의 미래에 핵심적인 두 가지 진전이 존재하기 때문이다. 그러나 더 면밀히 생각해 보면, 이 진전들이란 단지 예비적인 것이거나 전통 사회민주주의와 그 한계 바깥 세상사 사이에 다리를 놓는 것에 불과하다.

이 두 가지 진전 중 처음 것은 사회서비스의 제공과 관련되어 있다. 사회민주주의의 모든 시민은 공공서비스를 수혜하는 대신에 높은 과세라는 비싼 대가를 치른다. 이들이 이런 서비스 향상을 요구하는 것은 정당하다. 표준화된 서비스가 교육·보건·복지지원에 특화된 관료제를 통해 공급되는 모형은, 매우 위계적인 노동조직과 경직된 기능 전문화의 토대 위에서 경직된 기계와 생산과정으로 표준화된 재화 및 서비스를 생산하는 시대에 뒤떨어진 산업 생산 유형의 행정적 등가물이다.

국가가 직접 공급하는 것은 민간 공급자가 제공하기 어렵거나 너무 비싸거나 새로운 서비스에만 국한되어야 한다. 이때에도 영리 기업체만 서비스의 민간 공급자가 되어서는 안 된다. 영리기업이 아니라도 그 일을 담당할 수 있는 비영리적 조직이나 팀이 서비스 공급자가 될 수 있다. 이를 위해 시민사회가 적극적이고 기업가적인 응답을 내놓기만 기다려서는 안 된다. 정부는 그것을 자극하고, 촉진하며 조직화할 필요가 있다.

공공서비스의 제공에서 정부가 해야 할 역할은 두 가지다. 하나는 민간경제와 시민사회로부터 최대한의 광범위한 공급을 이끌어 내면서 그것을 감시하는 것이다. 시장규제만으로는 충분하지 않다. 정부는 종종 그러한 프로젝트들을 유치하고, 더 나아가 그 프로젝트들을 만드는 데 긴밀히 관여해야 한다. 서비스의 공급에서 경쟁적 다양성은 목표와 방법 양쪽에서 모두 확보되어야 한다. 그러나 이윤을 추구하는 기업이 유일한 제공자는 아니며, 가장 적합한 제공자도 아니다. 공공서비스의 제공에서 정부의 또 다른 역할은, 신서비스를 실험적으로 개발하거나 구서비스를 제공하는 새로운 방식을 개발하는 선도자 역할을 하는 것이다. 여기서 주도적 원리는 관료제적 일방주의도 시장의 소비자 선택도 아니다. 그것은 정부와 비정부 주도력 간의 느슨한 파트너십 위에서 이뤄지는 실험적인 다양화이다.

사회민주주의의 역사적 한계와 양립 가능해 보이는 두 번째 진전은 경제정책의 운용에 관한 것이다. 어느 선진사회건 정부 경제정책의 주요 책무가 경기변동 관리라고 생각하는 이들의 힘은 약화됐다. 통화정책에서는 화폐 공급 운용의 편익에 대해 회의적인 중앙은행의 수중으로 주도권이 넘어갔다. 반면에 재정정책의 경우에는 적자재정 비용이 그 편익보다 더 오래 지속될 수 있음을 체득한 정치가들이 주도권을 쥐게 되었다.

이런 상황에서 자본시장의 심한 변동성과 경제적 지혜의 규범을 동일시하여 단순히 자본시장의 신뢰를 얻고 유지하기 위해 재정적 현실주의에 호소할 것인가? 아니면 이런 자본시장 변동성에서 벗어나기 위해 정부가 재정건전성을 사용할 것인가? 하지만 재정적 현실주의는 프로그램이 아닐뿐더러 거시경제정책 프로그램은 더더욱 아니다. 그것은 예방조치에 지나지 않는다. 재정적 현실주의가 정당화되는 것은 해당 시기에 사용되어야 할 수단의 자유를 넓힐 때뿐이다. 이런 방법은 이 값비싼 자유를 어떻게 사용해야 하는지, 그 방법은 우리에게 가르쳐 주지 않는다.

그렇지만 위조화폐를 피하고 조세수입 안에서 살림을 이끌어 가겠다면서 경기변동 관리용 통화정책 및 재정정책 사용을 한사코 거부하는 정부에게도 이행해야 할 중대한 경제적 책무가 있다. 바로 민간저축의 생산적 잠재력이 효과적으로 활용되도록 주선하는 것이다. 신규 사업에 자금을 제공하는 벤처캐피탈은 그만그만한 업종이 되어 버렸다. 벤처캐피탈이 생산에서 금융이 할 수 있는 역할을 완전하게 보여 줄 것이라는 희망은 실패했다.

개발도상국뿐 아니라 선진국에서도 축적된 사회저축이 생산, 특히 새로운 생산에 기여하는 정도는 실제 경제의 조직화 방식에 의존한다는 점을 반드시 인식해야 한다. 벤처자본가가 수행하는 역할, 곧 기회를 포착하고, 사람들을 모집하고, 조직을 육성하고 지분과 교환으로 자금을 조달하는 모든 일이 대대적으로 일어나야 한다. 지금처럼 시장이 이 일을 제대로 하지 않으려고 하면, 국가가 나서서 독립성과 경쟁 그리고 책임성을 재생산하면서 시장을 대신할 펀드와 센터의 설립을 도와주어야 한다. 만약 재정건전성 문제에 고착되어 있는 중앙정부라면, 남아 있는 운신의 자유를 저축과 생산의 연계를 강화하고 창업과 기업 열망을 북돋는 데 사용해야 한다.

이렇게 공공서비스 및 재정 문제에서 진전이 이루어지면, 사회민주주의는 자신을 형성한 역사적 타협을 능가하는 최전선의 문제와 만나게 될 것이다. 실제로 유럽 국가들은 지금의 자신을 형성하는 과정에서 사회민주주의가 방기한, 생산과 정치의 재조직화를 요구하는 창안만이 응답할 수 있는 세 가지 문제군에 직면해 있다.

첫 번째 문제는, 가장 선진적인 경제 부문에 접근할 사회적·교육적 토대가 협소하다는 점이다. 이 선도적 산업부문은 혁신친화적 협력의 특권적인 본거지로 새로운 부를 창출하는 데 일익을 담당하고 있다. 그런데 모든 선진경제에서 이 생산적인 선도 부문은 여전히 상대적으로 작고 다른 경제 부문들과 미약하게 연계되어 있다. 대다수 사람들은 빈곤에서만 벗어났을 뿐 이런 부문들로부터, 더러는 이 부문에 들어갈 수 있도록 준비시켜 주는 교육제도로부터도 배제되어 있다. 모든 선진경제에서도 선도 부문은 혁신친화적 협력 관행에 장애물이 되거나, 그렇지 않으면 실험학교나 대학, 전도교회, 특공대, 심포니오케스트라 등과 같이 생산체제로부터 멀리 떨어진 엘리트 부문에서 번성한다.

이 같은 기술과 경제 혁신, 새로운 부의 창출에서 더 큰 비중을 차지하는 선진적인 생산 부문의 상대적 왜소함과 고립이 낳는 부산물은 공공재정에 대한 과도한 부담이다. 위계적으로 조직된 경제의 구조적 분할에 기초한 불평등은 부득이 높은 조세부담으로 얻어지는 재분배적 소득이전으로 완화시킬 수밖에 없다. 그리하여 공정성과 효율성은 그 반대물로 변질되고, 국가는 쳇바퀴를 돌리다 지쳐 쓰러지는 시지프스가 되고 만다.

우리는 생산적 선도 부문들에 대한, 그리고 무엇보다 오늘날 이 부문들을 만들어 낸 작동 방식 및 사고방식에 대한 사회적·교육적 접근을 획기적으로 확장해야 한다. 그리고 이 확대는 생산적·교육적 실험주의의 선진적 관행을 확립하는 사회적·경제적 삶의 영역을 현저히 확장하는 작업과 결합되어야 한다. 기존의 선진부문으로 진입하는 관문은 널리 개방되어야 하고, 그 선진부문 내에서 번창하는 일과 창안 방식들은 여타 수많은 경제·사회 영역으로 이식되어야 한다.

부유한 나라의 사회민주주의는 단지 정부에 의한 기업 규제와 자원의 재배분만으로는 이러한 목적을 달성할 수 없다. 부국의 사회민주주의는 시장이 알아서 하도록 기다리기만 해서는 그 목적을 성취할 수가 없다. 미국식의 거리두기 기업 규제 모형도, 관료제가 위로부터 무역 및 산업정책을 추진하는 동북아시아 방식도 주효하지 않을 것이다. 사회민주주의는 정부와 민간기업 사이의 분권화된 조정 모형을 발전시켜야 한다. 이 모형의 목적은 19세기 미국에서 성공적인 농업 체계를 창출하도록 지원한 정부의 활동과 동일한 것이어야 한다. 시장을 이기는 것이 아니라, 생산적 자원 및 기회에 대한 접근 조건들을 확장함으로써 시장을 창출하는 것이어야 한다.

이때 두 가지 유형의 창의가 가장 중요한데, 하나는 경제적인 것이고 다른 하나는 교육적인 것이다. 경제적 창의는 민간 벤처자본업의 통상적 경계를 넘어 벤처자본의 역할을 일반화하는 것이다. 정부와 민간기업을 중개하는 일련의 펀드와 지원센터는 신용, 기술, 전문 지식, 그리고 시장에 대한 접근을 촉진하는 역할을 맡아야 한다. 기존의 기구들이 이 역할을 수행하지 못하면 새로운 펀드와 센터들이 이 일을 해야 한다. 새로운 펀드와 센터가 나서서 성공적인 국지적 관행을 포착하고 파급시켜 혁신을 가속화하는 역할을 수행해야 한다. 그러려면 이들이 정치적 외압에서 탈피해 경쟁 압력을 수용함으로써 시장원리를 새롭게 재생산하고 급진화할 수 있어야 한다.

이러한 펀드 또는 지원센터와 고객기업을 잇는 연결 방식은 단일한 모형을 따를 필요가 없다. 그것은 지분과 업무를 밀접히 공유하는 관계일 수도 있고, 자금조달과 기술 지원처럼(주식과 교환될 수도 있다) 비교적 거리를 둔 관계일 수도 있다. 개발도상국에 대해 앞서 언급한 제안들과 마찬가지로, 신생기업과 이를 지원하는 조직 간에 이뤄지는 여러 거래 유형에는 같은 경제 안에 실험적으로 공존해야 할 대안적인 사유재산 및 사회적 재산 체제의 핵심 부분이 포함될 수 있다. 즉, 생산적 자원에서 여러 이해당사자 몫의 공존을 조직화하는 여러 방식이 있을 수 있다.

좌파라는 자들이 시장을 억누르거나 규제한다거나, 고작 사후적인 보상적 재분배를 통해 시장 불평등 완화를 추구하는 사람들이어서는 안 된다. 좌파는 시장의 법적·제도적 형태의 범위를 확장함으로써 시장의 재창안과 민주화를 제안하는 사람들이어야 한다. 좌파는 생산 요소들을 결합하는 자유를, 생산 및 교환의 제도적 틀을 정의하는 제도적 장치들을 실험하는 더 광범한 자유로 전환시켜야 한다.

이러한 경제적 혁신을 돕는 교육적 창의에는 포괄적인, 실제적이면서도 개념적인 역량을 숙달하는 데 집중하는 평생교육이 포함되어야 한다. 이 숙달을 거쳐 개인들은 직업 간 이동이 가능하고, 점점 더 집단적 학습과 항구적 혁신 관행으로 변모하는 생산 형태에 참여할 수 있게 된다. 학교는 학생들에게 효과적인 행동 도구를 제공하는 것을 물론이고, 영속적이고 점진적인 실험에 숙련된 기술과 습관을 길러 주어야 한다. 사상과 실천의 모든 영역에서 학교는 사람들에게, 그것이 아무리 미약한 것일지라도 어떻게 탐구하고 어떻게 새 걸음을 내딛을 수 있을지 그 방법을 가르쳐 주어야 한다.

사람들은 정부 및 고용주 양자의 비용으로 주기적으로 학교로 되돌아갈 수 있어야 한다. 시민의 기초사회자산 중 평생교육 권한보다 더 중요한 것은 없다. 따라서 개발도상국의 경우와 마찬가지로, 학교의 자금조달이나 인원 보강이 지역에 따른 불평등한 가용자원에 영향을 받아서는 안 된다.

마지막에 언급한 내용은 더 일반적인 형태로 주어질 수 있다. 지금 유럽연합은 경제적 규제는 집중시키되 사회 및 교육정책은 계속 국지적이어야 한다는 원칙을 고수하고 있다. 하지만 우리가 해야 할 것은 정확히 이것의 정반대다. 현장에서는 경제적 실험 범위를 확대해야 하고, 모든 시민의 자산, 그중에서도 교육적 자산을 보장하는 것이 유럽연합의 핵심적 책임이 되어야 한다.

사회민주주의를 형성한 역사적 타협의 한계를 넘어서는 두 번째 문제는, 사회적 결속의 토대가 약화되고 있다는 것이다. 사회보험의 가장 중요한 내용인 보상적 소득 지불은 무수한 사람들을 빈곤과 모욕과 공포로부터 구제한, 의심의 여지없는 중요한 성취다. 하지만 보상적 소득 지불이 사회적 유대의 역할까지 할 수는 없다. 오늘날 모든 사회민주주의 국가에서 사람들은 급속히 서로 떨어져 이동하는 삶을 살게 되었다. 사회적 연대의 의미도 고작 우편으로 수표가 이동하는 것 정도로 쪼그라들었다. 즉, 자원들이 국가의 손을 통해, 예컨대 생산적 선도부문에서 돈을 버는 사람들에게서 돌봄경제에서 돈을 필요로 하고 지출하는 사람들 쪽으로 이동하는 것이다. 이처럼 각기 다른 영역에 속한 사람들은 다수의 전통적 위계사회 성원들보다 서로를 잘 알지 못하고, 따라서 서로를 덜 돌볼 것이다.

우편으로 주고받는 수표만으로는 부족하다. 건장한 성인이면 누구나 생산체제와 돌봄경제 양쪽에서 일을 갖는다는 원칙이 확립되어야 한다. 노동 생활 또는 노동년도의 일부는 청년이나 노인, 허약자나 빈민, 그리고 자포자기자에게 돌봄을 제공하는 일에 헌신적으로 참여하도록 만들어야 한다. 이 같은 노력이 실효성을 가지려면 사람들 각자가 자기 직업에서 요구되는 기초적 훈련을 받아야 한다. 또, 그런 노력이 최대의 효과를 낳을 수 있도록 시민사회가 조직되어야 한다. 정부도 시민사회가 조직화되도록 힘을 보태야 한다. 그렇게 되면 사회적 연대는 그것을 확보할 수 있는 유일한 힘을 가지게 될 것이다. 즉, 사람들이 서로에 대한 책임성을 직접적으로 행사하게 될 것이다.

전통적인 사회민주주의 경계 안에서는 응답할 수 없는 세 번째 문제는, 열망이나 놀라움 또는 투쟁으로 변모되는, 원대한 삶을 꾸릴 더나은 기회를 사람들에게 부여하는 문제이다. 민주주의 따라서 사회민주주의 최대의 걱정거리는 더 나은 경제적 번영 및 평등을 향한 진보가 보통 사람의 역량과 자존감의 진전을 수반하지 않을 수 있다는 것이다. 우리가 더 많은 것을 원하는 이유는 실제적인 것이기도 하고 정신적인 것이기도 하다. 모든 사람의 잠재된 에너지를 더 잘 활용하기위함이며, 선남선녀의 가슴속에 그들 자신의 힘에 대한 관념과 체험을 자리 잡게 하기 위함이다.

사회민주주의의 본고장인 유럽에서 이 문제는 특별한 파토스를 띤다. 대다수 보통 사람들이 일상생활의 왜소함에서 벗어나는 경우는 전쟁이었다. 희생적인 헌신은 대학살과 연관되어 왔다. 평화는 사람들에게 망연자실과 하찮은 자아감을 낳았다. 만약 유럽인이 그들의 가장 기본적인 물질적이고 도덕적인 모든 이해를 위해서 유럽 사회의 에너지 수준을 향상시키려 한다면, 그럴 필요가 없으며 그래서도 안된다.

하찮은 자아감이라는 쟁점을 특수한 각도에서 생각해 보자. 비록 작은 나라에 태어났더라도 원대한 삶을 영위할 수 있다. 실제로 거의 모든 유럽 국가들이 상대적으로 소국이다. 예컨대 노르웨이는 석유지대라는 안전한 기반 위에 자리한 나라이다. 경제적으로 부유한 유럽 사회들이 다른 세계에 기여하듯, 이 나라도 그러한 운신의 여지가 있다. 그렇다면 노르웨이 정부는 자발적인 노르웨이 국민들이 국제봉사 엘리트가 될 수 있도록 준비시켜 줄 수 있다. 전 세계를 광범한 기업가적·전문적·자선적 활동을 펼칠 무대로 간주하면 될 일이다. 이런 기획에는 그들의 국내 경험이 대폭 활용될 것이다. 이러한 카르타고적 해법[10]에 따라, 정부는 준비 및 지원이라는 제일선의 사업을 진행할 일련의 광범한 조직들을 창출하게끔 도와주면서 일급 벤처자본가 또는 선동가 역할을 수행할 수 있다. 그렇게 전 세계 각지에서 자발적인 경험으로 변모된 노르웨이인들이 본국으로 돌아가면, 이 건설적 행동의 전도사들이 국내 생활의 방향을 변화시킬 것은 명약관화하다. 이는 개혁 범위 너머에 있는 것으로 간주된 문제가 사실은 그 범위 안으로 수용될 수 있음을 보여 주는 수많은 사례 중 하나일 뿐이다.

내가 언급한 세 가지 방향 모두에서 사회민주주의의 경계를 넘어서는 프로그램의 방향은 분명하다. 유럽 사회민주주의 개혁가들이 경제적 유연성과 사회적 결속 및 포용을 화해시키려 한 것은 잘못이 아니다. 그들의 과오는 기존의 제도적 틀을 그러한 화해의 틀로 받아들였다는 데 있다. 그래서 재건을 촉진할 참화慘禍를 지속적으로 요구했다는 데 있다.

유럽 사회민주주의 개혁가들의 제도적 독단주의는 사회 진보에서

---

10 기원전 146년 로마가 카르타고를 점령해 문화, 언어, 역사 등 그 사회의 모든 흔적을 절멸시킨 것에서 유래한 말이다. 여기서는 철저한, 전반적인 해법이라는 의미로 사용되고 있다.

점진적일지라도 성과에서 혁명적일 수 있는 사회의 전환을 위해, 그들이 지지를 얻을 수 있는 대다수 선거구민들을 직시하지 않도록 도와준 셈이다. 제도적 독단론은 개혁가들이 적당한 경제적 부와 자기 독립이라는 대중의 꿈에 부응하지 못하도록 가로막았다. 더 모험적이고 용기 있는 방식으로 대중의 꿈을 재창조할 수단을 제공하지 못하게끔 만들었다. 무엇보다 제도적 독단론은 그 제안이 호소할 수 있고 호소해야 할 그들의 이상의 비전을 봉합해 버렸다.

그러나 선진사회의 가까운 미래에 정치적 우위를 획득하고 유지할 최선의 기회를 얻을 정치세력은, 우파든 중도든 좌파든지 간에, 가장 설득력 있게 부단한 실험과 에너지의 이유를 자신들과 연관짓게 할 세력이다. 그들이 자유의 일부는 모두의 해방에 달려 있다는 신념에 헌신하는 세력이어야 한다는 점이 이들 사회의 미래를 위해 중요하다.

제9장

미국: 보통 사람을 위한 희망[11]

여타 세계〔예컨대 유럽〕에 있는 좌파의 존재감과 힘을 기준으로 볼 때, 미국에는 좌파가 없는 것으로 보인다. 그럼에도 불구하고, 좌파의 미래에 관한 논쟁을 미국의 논쟁 안으로 가져오는 것은 매우 중요하다.

이 논의가 중요한 첫 번째 이유는 미국이 전 세계의 지배권력이면서도 다른 인류와 상상력 가득 찬 관계를 유지하는 데 실패한 권력이기 때문이다. 19세기에 이데올로기 논쟁이 영국 내에 울려 퍼졌던 것과 같이, 오늘날 세계를 뒤흔들 거대한 이데올로기 논쟁이 미국 내에서 시연된다면 그것은 아득하고 위험한 환상이 될 듯하다. 미국인은 다른 세계가 가난과 독재에 시달리거나 아니면 자신들과 닮은꼴이 되어야 한다는 편견에 사로잡혀 있다. 이러한 상상력의 실패는 중대한 위험의 원천이다. 이를 바로잡을 유일한 방법은, 미국인이 그들이 처한 곤경과 동시대 다른 사회들이 처한 조건이 기본적으로 유사함을

---

11 미국의 진보에 대해서는 웅거의 단행본이 별도로 있다. R. M. Unger and C. West, *The Future of American Progressivism*, Boston: Beaconpress, 1998.

인식하는 것이다. 그 유사성에는 가장 적절한 해법이 갖는 특성뿐 아니라 가장 절박한 문제의 범위도 포함된다.

좌파의 미래에 관한 논쟁에 미국을 끌어들여야 두 번째 이유는, 부유한 북대서양 세계가 다른 인류에게 보여 준 두 얼굴 간의 명백한 구분이 빠르게 사라지고 있기 때문이다. 유럽의 사회민주주의는 유럽형 사회 보호와 미국형 경제 유연성 간의 가상적 종합을 추구하는 가운데 그들의 역사적 의제를 공동화空洞化시키고 있기 때문에, 유럽 사회민주주의를 세계적 차원의 대안 개발의 출발점으로 삼으려는 희망은 미약하다. 따라서 미국 내에서 대안의 시초를 수립하는 일이 중요할 수밖에 없다.

좌파의 미래에서 미국의 사례가 중요한 세 번째 이유는, 미국이 전 세계의 헤게모니 권력일 뿐 아니라 그 지배적 이해와 신조가 새롭게 부상하는 세계질서 형태와 매우 밀접히 연관되어 있기 때문이다. 세계화는 경제력과 정치권력의 영역뿐 아니라 사고와 이상의 영역에서도 미국화를 의미했다.

역사적으로 인류의 삶과 그 전망에 관한 관념이 세계를 장악해 왔다. 이 관념은 오늘날 인류의 가장 강력한 종교이다. 좌파가 갖는 역사적 열망의 중심에도 이 종교가 있다. 그런데 미국만큼 이러한 신념에 완전히 동화된 나라는 없다. 좌파의 중심적 교설에 가장 완벽하게 동화된 나라에 어떻게 해서 좌파가 없을 수 있을까?

그 대답은 미국은 절단되거나 왜곡된 형태로 그 종교를 받아들인다는 것이다. 미국은 세계의 지배권력이기 때문에 이 같은 미국적인 이단과 이를 교정하는 일은 모든 이의 관심사이다.

인류 종교는 문맥을 넘어선 초월적인 것으로 스스로를 드러낸다. 인류의 삶과 전망에 관한 관념은 어떤 제한된 정신적·사회적 구조에도 갇힐 수 없다는 말이다. 종교는 단지 반란을 일으키는 것으로는 만족하지 못하는 경우가 많다. 부단히 실험적 재구성이 진행되는 형태로, 종교는 반란이 항구적이 되고 사회생활에 내재적인 것이 될 원리를 세우려고 한다.

사회적 삶에 대한 어떤 제도적·상상적 질서짜기도 우리가 투입한 노력을 다 받아들이지는 않는다. 차선책은 상이한 방향들을 동반하는 실험적 다원주의와, 각 방향이 자기수정을 용이하게 하는 조건을 가진 실험적 자기교정의 조합이다.

우리가 추구해야 할 목표는 우연한 상황에 종속된 장난감이나 강제적인 사회적 일상에 얽매인 꼭두각시의 처지에서 벗어나 더 신과 같이 되는 자아를 창조하는 것이다. 신과 같은 자아는 다른 자아들을 맥락극복적 주체로 상상하며 받아들일 수 있다. 그래서 억압이나 오만함에 묻히지 않는 역량증진 형태를 경험할 수 있다. 이 목표를 위해 사회는 모든 개인이 각자의 삶을 향상시켜 더 신과 같이 될 수 있도록 교육적·경제적 수단을 마련해 주어야 한다.

이 같은 자아 구성의 신념은 당대 인류의 종교에 존재하는 인간의 연대성에 대한 신념과 함께 나아간다. 궁극적으로 그 신념이란 일상적인 사회적 삶의 공포에 배신당하더라도 그로 인해 무너지지 않고, 모든 남녀가 보이지 않는 사랑의 원형■으로 함께 묶이는 꿈같은 확신이다. 무미건조하게 말하면, 바로 사회적 삶의 실제 편익이 모두 협력과 연결에서 나온다는 역사적 통찰이다.

이러한 협력 형태는 가장 생산적일 수밖에 없다. 그것은 기존의 어떠한 사회적 분업과 위계체제의 제약에도 가장 적게 구속되고, 협력과 혁신의 요구 사이의 긴장을 완화시키는 데에도 가장 성공적일 것이다. 기술적이든 조직적이든 이데올로기적이든, 모든 혁신은 현재 상태의 협력 체계를 위태롭게 한다. 협력 관계가 착근되어 있는 사회적 권리와 기대 체계에 위협을 가하기 때문이다. 따라서 이 긴장을 최소한으로 줄일 수 있는 협력의 조직 방식을 찾아야 한다. 그러면서도 지위의 특수성은 물론이고 출생의 우연성과도 무관하게 개인들이 저마다의 자산과 수단을 보유할 조직화 방식을 찾아야 한다. 이 협력 형태는 사람들이 함께 일하는 방식에 대한 모든 사회적·문화적 숙명론을 거부한다. 다만, 실험적 자극의 확산을 장려하여 불확실성에 과감히 도전해 새로운 것을 창조하게 할 뿐이다.

연결의 가장 귀중한 형태는 우리가 다른 이들과 관계함에 따라 지불해야 할 의존성 및 탈개인화라는 대가를 줄일 것이다. 자아 구성은 연결에 의존한다. 하지만 연결은 우리를 억압의 덫에 빠지게 하고, 자신과 남의 구분 덕분에 발전할 수 있는 부분을 앗아가게끔 위협한다. 자아의 자궁을 가능케 하는 조건들 사이에 갈등이 존재한다. 이 갈등을 줄이는 길은 따로 갈라져 사는 것이 아니라, 자기-소유의 경험을 심화시키는 가운데 더불어 살아감으로써 더욱 자유롭고 원대해지는 것이다.

협력과 연결은 인류 신성화의 두 가지 복음으로, 이 복음의 이름 아래 횃불이 세계 모든 제국에 전해졌고 앞으로도 그럴 것이다. 이 두 가지는 영원히 좌파 활동의 중심에 놓여야 할 메시지다. 그것은 오직 우리의 제도 배열 및 감수성의 개조, 이 둘 다를 통해서만 진전될 수 있다. 미국 민주주의와 미국 헤게모니가 연관되어 있는 세계화 형태에서도 협력과 연결이 중심적이었지만, 바로 그 민주주의와 세계화에서 이 두 가지가 꼴불견이 되었고 권위가 추락해 버렸다.

협력과 연결의 메시지가 왜곡된 한 가지 측면은, 이 메시지만으로는 사회의 제도적 구조가 얼마나 수정가능성이 있는지, 그리고 그 제도적 틀이 사람들이 자신의 이해관계 및 이상으로 여긴 것을 얼마나 붙잡아둘 수 있는지 하는 정도를 인식할 수 없다는 점이다. 미국인들이 일찍이 자유사회의 기본 공식을 발견하고 이는 국가비상상태의 압력을 받아도 좀처럼 조정되지 않는다고 상정한 것은, 그들의 머릿속에서 떠나지 않는 미국문명의 신화였다. 제도적 활력 면에서 미국의 위대한 세 시기는 독립 시기(1775~1783), 남북전쟁 시기(1861~1865), 그리고 20세기 중반 대공황과 세계적 갈등의 시기다. 오직 이 시기에만 미국인들은 제도적 미신의 교살絞殺로부터 부분적으로나마 벗어났다.

헌법 숭배에서 완벽하게 드러나는 제도적 공식에 대한 이 같은 물신주의는 순응주의의 극단적 사례로서, 이것이 지금 전 세계를 기만하고 좌파의 본질적 목표를 분쇄할 위험이 있다. 이 물신주의가 미국 민주주의로부터 뽑아낸 가장 큰 대가는, 실로 면면히 지속된 아메리칸 드림, 이제는 전 세계적 동경이 된 것의 미국적 변형을 실현하는 데 진전이 없다는 것이다.

이러한 열망은 한 사회가 보통 사람들에게 보장하는 꿈이다. 이 꿈에 따르면, 미국에서는 일정 정도의 경제적 부와 독립뿐만 아니라 독립적인 판단의 자원 및 과거 사회가 거의 지배엘리트에게만 제공했던 존엄의 권한을 획득해 보통 남녀라도 경제뿐 아니라 도덕적으로, 사회적으로 독립할 수 있다. 독립 직후 초창기에는 이 꿈이 명백했고 빠르게 달성되었다. 19세기 초만 해도 자유로운 신분의 백인 남성 10명 중 1명만이 다른 남자를 위해 일했다〔노예 신분이 아니라 자유로운 신분으로 일했다. 즉, 자기 자신을 위해 일했다는 의미〕. 그러나 이후 이 약속은 미국 사회를 형성하는 원동력이 되지 못하는 것으로 드러났다.

미국 역사를 보면 두 가지 제도적 장치가 이 아메리칸 드림을 실어날랐다. 첫 번째 장치는, 거대한 부와 거대 기업에 맞서 소규모 자산과 소기업을 보호해 주는 것이었다. 두 번째 장치는, 정부의 규제 및 재분배 권력에 호소하는 것이었다. 그렇지만 그 어떤 수단도 경제가 위계적으로 분단되는 결과를 막아 내지는 못했다. 어떤 방법으로도 그 꿈을 만족스러울 만큼 실현시키지 못했다. 이 두 가지 장치가 수행할 수 있는 것 이상의 꿈을 실현하려면 국가의 경제 및 정치제도를 재구축해야 한다. 그리고 위기 사태라는 도움을 빌리지 않고 실행해야 한다. 제도적 물신주의의 악덕이 미국 민주주의를 부정하는 것을 개혁해야 한다.

인류의 종교에 대해 미국인들이 보이는 또 다른 주요한 곡해는, 자아 구축과 연대성 간을 연결짓는 상상력의 문제와 관련된다. 의식의 압도적 경향인즉 미국의 삶에서 사회의 재조직 정도를 과소평가했다면, 개인이 다른 사람들의 은총이나 도움 없이 자신을 구원할 수 있는 정도는 과장했다. 왕관을 차지하고 직접 황제 자리에 오른 작은 나폴레옹은 언제나 미국인들을 유혹하는 환상이었다.

이처럼 자력-갱생을 자기-구제로 돌려 버리는 망상 때문에, 미국인들은 통상 극단적인 개인주의와 극단적인 평등한 집단주의 사이에서 동요한다. 개인주의와 집단주의는 표면적으로 상반되지만 사실상 같은 것의 서로 다른 측면일 뿐이다. 또, 미국인들은 사회관계에서 사이비 친밀성과 쾌활한 익명적 우정의 중간 지점에 이끌린다(차가움을 느끼는 거리감과 서로 바늘로 찌르는 근접성 사이에서 불안정하게 움직이는 쇼펜하우어의 가시 돋친 돼지처럼). 그리고 끊임없이 여림과 의존성, 죽음을 거부할 방도를 찾아 나선다(이는 심지어 자아를 미라화하고 세계 속에서 자신의 진정한 조건을 신비화하는 데 대한 대가를 지불한다).

여타 세계 인류가 모호하지만 올바르게 이해한 것은, 바로 미국이 세계화의 제도적 배치 하에 전 세계에 퍼트리고 공고화시키려 한 수많은 제도적 공식에 불어넣고자 한 것이 바로 이러한 자아의 사고 및 연대성 형성 요구로부터의 이탈 사고라는 것이다. 이런 사고는 저항에 부딪힐 만하며 그렇게 될 것이다. 왜냐하면 그것은 인류의 종교에 전체적으로 잘못된 방향을 지시하고 있기 때문이다.

이러한 잘못된 방향 설정 때문에 미국인들은 협력적 실천에서 뛰어나지 못했으며, 경제와 사회적 삶에서 혁신친화적 협력 형태를 발전시키지 못했다. 인류의 실제적 진보에 가장 위대한 기여를 할 수 있는 것이 이러한 협력 형태인데 말이다. 과거 세계전쟁 당시 미국인들이 그들의 공식 이데올로기와 배치되는 제도 배치와 관행들을 채택했을 때 그랬듯이, 미국인들이 훨씬 광범한 상황과 규칙 아래서 마찬가지의 성공을 거두려면 이러한 협력 능력에 힘을 실어 주어야 한다.

미국인들은 부유한 민주주의에서 가장 극단적인 계급위계 속에서 살아가고 있다. 그렇지만 계급차별 및 그것이 동등한 기회를 봉쇄하는 것의 부당성을 인식하는 데에는 누구에게도 뒤지지 않는다. 그들은 다수의 보통 남녀에게 창의와 혁신의 수단을 갖추게 하는 데에는 실패했지만, 평범한 대중의 창조적 재능에 대한 신념은 있다. 다만, 그들은 제도적 물신주의에 굴복했고, 이에 따라 그들의 문화에서 가장 강력한 발전 동인으로 남았을 실험주의적 자극을 내쳐 버렸다. 이는 실로 수치스럽고 값비싼 경험이었다.

미국인들이 제도적 우상으로부터 벗어나 진심으로 타인과의 관계를 생각할 수만 있다면, 그들의 꿈을 더 충분히 실현하고 그 꿈의 실현 과정에서 스스로를 고쳐 나갈 수 있을 것이다. 시대 및 세계가 제공하는 상상력 풍부한 삶으로부터 스스로를 분리시키는 수많은 무형적 장벽은 무너질 것이다. 비록 자신들을 좌파로 규정짓지는 않더라도 더 이상 좌파의 반대자는 아닐 것이다. 왜냐하면 인류 종교 발전의 중심적 조류에 합류할 테니까 말이다. 그리고 이는 좌파의 정체성과 작업을 규정하기에 이르는, 오늘날의 세계가 구속되어 있는 제한된 제도적 배치의 레퍼토리를 갱신하려는 경향에다 이 인류 종교를 결합시키는 결과를 가져온다.

오늘날 미국이 처한 문제의 핵심은 뉴딜의 확실한 계승자가 없다는 것이다. 20세기 중반 루스벨트의 타결은 사회민주적 타협에 맞먹는 미국적 등가물이었으며, 비록 그 범위는 제한되고 유리한 위기 상황에 의존했지만, 미국이 벌인 제도 개혁의 마지막 위대한 실험이었다. 그러나 시장의 민주화 또는 민주주의의 심화가 아니라, 정부의 규제 및 재분배 권력의 발전, 그리고 경제적 역량증진보다 경제적 안정에 중심을 둔 개혁은 오늘날의 시대 과업에는 더 이상 적합하지 않다.

미국 민주당 안팎에서 미국의 진보주의자들은 루스벨트적 기획의 효과적인 후속편을 제공하지 못함으로써 1960년대 이래 미국 민주주의를 압도하는 거대한 후퇴, 즉 부와 소득의 불평등 증대, 무엇보다 여러 노동계층에서 벌어지는 임금보수의 불평등, 사회계급 간·세대 간 이동성의 정체 또는 감소, 대중의 정치참여 감소, 그리고 가족생활 밖에서의 결사체적 활동 참여 감소 현상 등에 무력하게 대응했다. 이러한 굴절은 모든 부유한 북대서양 민주주의 국가들에 공통되게 나타난 변화의 미국적 변형태이다.

미국의 가장 절박한 문제들에 대해 발언할 좌파의 제안이라면 그 어떤 것이라도 이러한 변화에 대한 처방을 제공해야 하며, 그 대응을 아메리칸 드림을 실현하고 수정할 기회로 전환시켜 내야 한다. 그러려면 왜 그리고 어떻게 이런 변화들이 일어났는지에 대한 이해가 있어야 한다. 이는 결정적인 정치적 사건의 빠른 시간뿐만 아니라, 경제적·문화적 변화의 느린 시간도 포함한다. 비록 미국 고유의 정치적 에피소드라 할지라도, 이 모든 요인들이 오늘날 전 세계에서 활동하는 좌파들의 상황을 규정한다.

20세기 후반에 일어난 느린 경제적 변화는, 생산조직상의 변화를 수반하면서 경제의 예각적인 위계적 분절화를 나타냈다. 대량생산 방식이 제조업과 서비스업에서 모두 쇠퇴하고 지식집약적이고 더 유연한 생산방식으로 대체되었고, 이에 따라 역사적으로 진보주의의 핵심적 지지층인 조직화된 산업노동이 위축되었다. 새로이 부상한 생산형태는, 전문직 비즈니스계급이 자기 아이들에게 가장 잘 물려줄 수 있는 교육자산을 더 중시했다. 엘리트 학교들은 독특한 개념적 관행과 사회적 숙련으로 학생들을 훈련시켰다. 말 많은 팀워크와 개인적인 카리스마를 함께 훈련시켰는데, 이는 유연한 자기비하의 장막 아래 숨겨졌다. 이런 관행 및 숙련은 사회적 세계 및 대다수 노동계급이 다니는 공공학교에는 이질적이었기 때문에, 일과 학업에서는 조직적 순응과 지적 순응 간의 교대 그리고 한가한 시간에는 환상과 도전 간의 교대에 치중한다. 따라서 모든 부유한 국가들을 특징짓는 계급위계와 능력주의 원리의 종합은 바로 이런 생산 및 교육상의 편향에서 지지를 얻는다.

생산 측면에서 이 변화에 직접 연관되지는 않지만, 의식의 변화가 뒤따랐다. 대중문화에 대한 신개신교적·포스트가톨릭적인 서사는 참여와 연결, 구제와 서작敍爵〔작위를 내림〕, 희생과 상실을 통한 구원이라는 정형화된 버전을 동반했고, 이에 따라 대조적인 일련의 주제들이 공간을 넓혀 나갔다. 이러한 신이교도적 비전은 가장 세련된 고급문화의 일부 작품들뿐 아니라 대중적 텔레비전 화면의 게임 및 리얼

리티쇼에서도 비쳐지는데, 거기서 주인공들은 신성한 은총 및 인간적 은총을 모두 **빼앗긴** 제멋대로인 세계에서 꾀를 부리며 끈질기게 승리를 도모한다. 주인공은 자신의 연약함을 받아들임으로써 자아 구성의 모험에 착수하기보다 행운의 수레바퀴를 돌린다. 이 같은 신이교도적 비전의 중심에는 사회 및 자아의 전환이 손잡고 나아갈 수 있다는 희망, 당대 인류의 종교에 중심적인 희망의 불안한 흔들림이 자리잡고 있다.

생산 및 의식 면에서 이러한 변화가 만들어 낸 구도 속에서 20세기의 마지막 수십 년간 자칭 루스벨트 계승자들이 취한 정치적 방향은 최소 저항의 경로를 따르는 것이었다. 그 경로란 나라를 변화시키고 있는 반평등주의적이고 반사회적인 변동의 효과가 더 심화되는 것을 돕고, 그런 경향에 대한 저항에서 진보 세력을 헷갈리게 만들고 무장해제시키도록 부추긴 경로이다. 하지만 이 방향은 어디까지나 현실주의와 신중함이라는 외피를 두르고 있었다.

린든 존슨 정부 시기〔1963~1969〕, 돌이켜 보건대 우리가 처음으로 굴절을 추적할 수 있는 바로 그 시기에, 진보주의의 실패에 기여하는 사회적·인종적 주류가 최초로 결정화되었다. 광범한 다수 노동자계급의 불안 및 이해에 응답했던 사회보장 프로그램과 같은 루스벨트의 공약은, 뚜렷한 소수 빈곤층에게만 편익을 제공하고 대도시의 전통적인 노동계급 정치기구들은 외면하는 '빈곤에 대한 전쟁'으로 대체되고 말았다. 바로 유럽 사회민주주의 설계자들이 조심스레 피하려 했던 실수였다.

인종적 억압이 경제적 불의와 계급위계에 대한 공격 이전에 시정되어야 할 임계적인 악으로 규정되었다. 이 미국적 스타일의 인종차별 폐지론이 인종을 고려하는 차별 철폐 조처 같은 프로그램의 토대가 되었고, 이는 미국에서 인종을 초월한 다수 노동계급의 필요와 열망에 부응하는 기획에 참여했던 이들의 반감을 샀다.

그 다음 시기로 들어와서는 다음의 세 가지 상호관련된 사건들이 이 선택의 저해효과가 강화되게끔 작용했다.

먼저, 진보주의자들이 '정치적 정치'를 우회하기 위해 '사법적 정치'를 활용하려 한 시도를 꼽을 수 있다. 이 우회는 진보적 기획의 방점을 제도적 삶의 재구성보다는 개인 권리의 재정의 및 재배분에 두는 개혁으로 편향되게 만들었다. 이것은 사법적 개혁 엘리트들이 정치세력의 균형에 따라 정렬되기 전에 그럴싸하게 수행할 수 있는 개혁이었다.

두 번째 사건은, "모더니스트"적인 도덕적 의제(낙태는 예민한 이슈였다)의 연합이었다. 이 연합은 진보적 대의를 표방했으나 이를 전진시키려 했던 많은 이들의 신념을 무시하면서 다수의 세속적이고 도회적인 인사들, 식자층, 유산계층을 포함시켰다.

세 번째 사건은, 당시 상황에서 더 이상 발언권이 없었던 정통 케인스주의의 후계자로서 "재정건전성 교설敎說", 즉 거시정책 수행에서 금융시장 신뢰의 우위의 재등장이다. 이에 따라 새로운 방식과 고안으로 생산·발명·혁신에 저축을 동원하는 긍정적 시도에 금융적 신뢰가 거둔 성과를 이용하려는 어떠한 시도도 이루어지지 않았다.

이렇게 반복된 타협과 후퇴, 그리고 잘못된 방향 설정은 서로를 강화하는 결과를 가져왔다. 이것이 경제 불평등의 심화, 계급이동성의 제약, 정치참여의 감소, 사회적 연결의 약화 같은 반민주적인 굴절들을 심화시키는 데 끼친 영향은, 사람과 자원의 완전한 국가동원을 통해 제도적 실험주의를 자극하는 전쟁이야말로 개혁의 으뜸가는 논거가 된다는 원리에 의해 은폐되었다. 이는 미국이 겪은 경제적·문화적 변동에 대한 국내 정치적 대응에서 불가피했던 것이 아니다. 단지 상상력 부재를 숙명 탓으로 돌린 가장 안이한 대응이었을 뿐이다.

바로 이런 것들이 보수가 헤게모니를 장악한 배경이었으며, 그 요소 및 전제들은 많은 부분 19세기 말의 보수주의의 부상을 되풀이한 것이었다. 이 보수 헤게모니가 말하는 요점은, 미국에서 보수적 치국책이 성공을 거두려면 재계의 경제적 이해에 대한 의지와 대도시 외곽에 사는 백인 노동계급의 도덕적 신념 및 정치적 불신에 대한 호소를 결합시켜야 한다는 것이었다. 여타 세계에서처럼 당시 미국에서 진보주의자의 프로그램은 교화humanizing 할인을 통해〔즉, 교화적 측면을 더해〕보수 적수의 프로그램이 되었다.

이런 미국의 상황에서 좌파가 제시해야 할 강령적 대응은 두 가지 예비적 조치preliminaries와 함께 시작돼야 한다. 바로 20세기 말에 형성된 인종적이고 사회적인 사이비pseudo 진보의 주류들을 재정의하고, 민주주의의 정치경제학을 핵심으로 떠안는 것이다. 민주주의 정치경제학은 정부와 기업 관계를 포함한 생산 형태 및 노동조건 양자를 재구성함으로써 시장을 민주화하는 것이다. 좌파의 강령적 대응은 혁신을 통해 확장되어야 하는데, 이때 혁신이란 시민사회가 정부와 기업 양자의 바깥에서 시민사회를 조직화하도록 고무하고 민주정치에 활력을 불어넣는 것이다.

첫 번째 예비적 조치는 인종과 계급 관계에 대한 것이다. 미국에는 인종적 불의를 시정할 네 가지 주요한 기획이 존재했다. 이 중 진전을 위한 최선의 기획은 세 번째와 네 번째 접근을 모두 넘어서는 것으로, 두 접근을 결합시키는 어떤 방식이었다.

첫 번째 접근은, 남북전쟁 이후 수십 년 동안 제기된 부커 T. 워싱턴[12]의 협력주의 기획이었다. 이 기획의 골자는, 적당한 재산 분배와 직업 훈련의 기반 위에서 경제적인 안정과 함께 소자작농, 소상인, 장인 등 프티부르주아지의 부차적 지위를 갖게 하는 것이었다. 이 정치적이면서 강령적인 기획의 역설은, 외견상 아무리 온건한 프로그램일지라도 일단 착수되면 이 지향이 보장하는 것 이상을 요구할 수도 있는 대규모 정치적·사회적 동원을 요구한다(또는 조만간 요구할지 모른다)는 것이다.

두 번째 접근은, 미국 사회로부터의 퇴출 심지어 아프리카로의 귀환을 추구하는 분리주의 기획이다. 이는 곧 양동작전임이 드러났다. 전통적으로 이 기획은 협력주의 전략의 달콤함과는 대조되게 호전적으

---

12 Booker T. Washington, 1856~1915. 노예 소유자인 백인 아버지와 노예 신분인 어머니 사이에서 태어나 노예로 성장한 교육자이자 흑인 지도자. 1895년 애틀랜타 박람회 연설문(1895)에서 해방된 미국 흑인들을 미국 사회의 주류에 포함시키기 위해 백인들과 타협정책을 도모해야 한다고 주장했다.

로 들렸지만, 실제로는 동일한 것이었다. 즉, 종교적 권위의 이름으로, 프티부르주아지의 품위 규범을 부과하는 리더십을 발휘해, 분리된 구역이 아니라 소기업의 내부 망명으로의 후퇴를 의미했던 것이다.

세 번째 접근은, 인종적 불의를 계급 불의와 구별되며 그것에 선행하는 문턱 관심사로 간주하는 통합주의 기획이다. 이 기획의 근본적 과업은 인종적 소수자의 시민권을 옹호하는 것이었지만, 그것이 가장 잘 표현된 것은 차별 철폐 조처였다. 의심의 여지없는 그 역사적 성과는 흑인 전문직 비즈니스계급의 확립이었다.

그러나 이 세 번째 접근은 세 가지 결함 때문에 상처를 입었다. 첫 번째 결함은 편익이 그것의 요구와 역비례로 발생한다는 것이다. 즉, 전문직 비즈니스계급이 대부분이고, 특히 공공부문의 피고용인 노동계급이 이보다 적고, 무엇보다 하청계급이 가장 적다는 점이다. 이 통합주의 기획의 두 번째 결함은 흑인 리더십 문제로, 흑인 전문직 비즈니스계급을 대량의 빈곤층 흑인들을 분열시키고 과실을 받지 못한 대다수 흑인들의 가상의 대표자로서 기존 질서에 수용한다는 것이다. 세 번째 결함은 이 통합주의 기획이 백인 노동계급의 물질적·도덕적 이해관계와 충돌한다는 점이다. 그리하여 백인 노동계급은 합리적으로 그 자신이, 학대받는 사람들을 대표한다고 주장하는 이들의 엘리트를 포함하여, 독실한 척하며 자기 이익만을 도모하는 엘리트 집단이 꾸민 음모의 희생자라고 믿게 되었다.

인종차별에 대한 투쟁과 인종적으로 낙인찍힌 소수자의 사회·경제적 지위 향상을 혼동한 나머지, 통합주의 기획의 주류는 그 목표 중

어느 것도 정면승부로 쟁취하지 않는다. 대안은 인종 문제에 대한 네 번째 재구성 접근에 기반해 이 문제를 통합주의 접근의 강력한 버전과 화해시키는 것으로, 이는 인종 기반 위에서 차별의 해악을 극복하는 데 헌신한다. 재구성 견해의 핵심은 인종과 계급의 문제를 분리 불가능한 것으로, 양자의 결합이 만들어 낸 해악들을 다루는 정치경제학을 구현하는 것이다. 미국 역사상 이 견해를 대표하는 가장 유명한 표현은 "40에이커와 노새 한 마리"로, 1865~1869년까지 겨우 몇 년간 유지된 해방노예국Freedmen's Bureau[13]의 작업에 등장했던 슬로건이다. 이 부처는 바로 이 구호 아래 경제 및 교육 기회의 확대를 추구했다.

개별화된 인종차별은 명백한 악으로, 범죄로 다루어야 한다. 더 좋은 학교, 더 좋은 직업, 더 높은 사회적 지위에 대한 접근은 "중립적 원리"의 기반 위에서 적극적으로 촉진되어야 한다. 손쉽게 얻을 수 있는 경제적·정치적 발의發議 수단으로는 벗어날 길 없는 불이익과 배제의 환경에 일단의 대중이 갇혀 있기 때문이다. 그러므로 근본적 기준은 인종이 아니라 계급이 되어야 한다. 그럼에도 불구하고 하층계급의 구성에 인종적 편향이 존재하기 때문에, 편익과 필요의 전도에 대한 우려 없이, 그 기준은 계급에 도달함으로써 인종에도 도달하게 될 것이다.

어쩌면 인종 문제는 편익과 필요의 전도라는 우려 없이도 부각될

---

13 프리드먼 뷰로. 정식 명칭은 '난민, 해방노예, 유휴지 담당국Bureau of Refugees, Freedmen, and Abandoned Lands'이다. 링컨 대통령 당시 전쟁부의 하부 기관으로 남부 해방노예를 지원했던 기관이다.

수 있다. 불이익의 여러 원천들, 무엇보다 계급과 인종이 조합되면 불이익에서 탈출할 가능성이 낮아지는 것이다. 그러나 이 추측은 경험에 비추어 검증되어야 한다. 그래서 이것이 사실로 검증되면 법처럼 적용해야 한다.

인종적 불의의 개혁 그리고 인종과 계급 관계의 개혁이 미국과 미국적 특성의 좌파 프로그램에서 추진해야 할 첫 번째 거대한 예비적 조치라면, 두 번째 예비 조치는 미국 사회에서 논란이 되는 도덕적 의제에 대해 진보주의자들이 응답하는 방식을 재검토하는 것이다. 낙태는 100년 전에 이미 금지되었지만, 21세기 전환기에도 여전히 가장 뜨거운 이슈이다. 이제는 이런 도덕적 의제들을 전통주의적이거나 모더니스트적인 것으로, 종교적이거나 세속적인 것으로 간주하는 것이 일반적이다. 사실 전통주의나 모더니즘이나 이들 각각은 동시대 경험에 대한 나름의 반응을 보여 주는 것으로, 얼마든지 종교적 형태뿐 아니라 세속적 형태로도 제시될 수 있다.

그런데 모더니스트 의제를 지지하는 차원을 넘어, 이를 연방권한과 연방법으로 관철시키려 한 진보주의자들의 결정은 실제로는 불행이었다. 인종차별 문제에 대한 주류 통합주의와 함께, 이 결정은 진보적 국가기획에서 초인종적 노동계급 다수의 지원을 얻을 기회를 약화시키고 말았다.

그것은 전술상의 실수였을 뿐 아니라, 비전의 실패이기도 했다. 서로 다투는 두 의제들은 인류 종교의 담지자가 주장하기에는 결함이 있었다. 한 가지 의제는 기독교의 도덕적 편견들을 드러냈다. 그것은 마음보다 규정집을 중시하고, 기독교도가 저항을 소명으로 삼는 문화적·사회적 질서와 타협했다. 다른 하나는 인간의 신성화를 바라는 모든 희망이 의존하고 있는 희생적 충동에는 낯선 무정한 나르시시즘 및 만족감이라는 오점을 지녔다. 만약 좌파가 이에 관심을 가진다면 일방적으로 어느 한 의제를 밀어부칠 것이 아니라 이 논쟁에서 심층적이고 값진 것이 나올 수 있다는 희망을 갖고 두 의제 간의 갈등을 급진화시키는 방식을 취해야 한다.

전술적이면서 강령적인 목표를 모두 달성할 수단은 논쟁 중인 이슈에 관한 결정을 주 단위로 되돌리는 것이다. 그렇게 되면 각각의 주에 따라 각 의제에 부여할 상대적 비중이 달라지면서 전국적 논쟁이 심화될 것이다. 이 시대의 핵심적인 도덕적 이슈에서, 최대의 희생자는 낙태를 금지하는 주에서 허용하는 주로 이동해야 하는 빈곤층 여성들이 될 것이다. 그렇다면 이 빈곤 여성들을 낙태 허용 주로 이동하는 것을 조직화하고 그 이동에 비용을 지불하는 단순한 조치로 부담을 경감시킬 수 있다. 이 정도의 희생은 오늘날 미국에서 진보적 대의를 질식시키려고 위협하는 고르디아의 매듭 하나를 풀기 위해 치르는 작은 대가이다.

미국 좌파 의제의 핵심은 뭐니 뭐니 해도 정치경제에서 대안을 제시하는 것이어야 한다. 유럽 사회민주주의 개혁에서처럼, 중심적 관심사는 시장경제의 민주화가 되어야 한다. 지금은 홈그라운드에서 쩔

쩔매고 있는 유럽 사회민주주의의 제도적 배치들을 뒤늦게 미국에 수입하는 방식으로 가서는 안 된다. 이전 유럽의 제도적 배경에서처럼 이 민주화 기획은 새로운 생산적 주도력을 위한 국민적 자원의 동원을 전제한다. 극단적으로 보자면 이는 전쟁 없는 전시경제이다. 전시경제처럼 여기서도 지도적 목표는 불안정을 일반화하고 불평등을 악화시키는 고안이 아니라, 사회적으로 포용적인 역량증진을 보장하는 수단으로 얻게 될 혁신의 준비 태세이다. 이것이야말로 부유한 북대서양 국가들의 실제 상황에서 경제의 위계적 분절화 결과를 뒤엎는 유일한 길이다.

이 국민적 자원의 동원에는, 단기적으로는 역진적이지만 폭넓은 프로그램 내에서 그것이 차지하는 위상 때문에 전반적 효과 면에서 진보적 결과를 가져오는 누진과세를 통한 조세수입의 증대, 특히 민간 및 공공 연금 체계 개혁을 통한 국내 저축 수준의 강제적 증가, 그리고 지금 조직되고 있는 방식처럼 자본시장 안팎에서 민간 또는 공공저축과 생산 사이에 새로운 연계의 창출 등이 포함된다. 이 목표의 달성을 제약하는 조건 측면에서 미국의 상황이 유럽과 얼마나 큰 차이가 있는지는 각 관심사를 간단히 살펴보는 것만으로 충분할 것이다.

미국에서 경제적 역량증진을 위해 정부가 발의하는 어떠한 적극적 프로그램도 조세수입의 증대 없이는 이행될 수 없다. 그리고 이 조세수입의 어떤 증대도 과세 방식, 즉 포괄적인 정액제 부가가치세 형태에서 거래지향적인 소비과세에 크게 의존하지 않고는 이루어질 수 없다. 이는 즉각적인 효과 면에서 분명 역진적이다. 재분배적 과세를 확연히 증대시키려는 시도는 그것이 내세운 진보적 목표를 무색하게 하고 교란적인 경제적·정치적 대응을 불러일으킨다. 만약에 최소한의 경제적 혼란으로 최대의 조세수입을 얻을 수 있는 가격중립적 역진과세를 단기간 수용하는 편이 더 재분배적인 사회적 지출을 가능케 할 뿐더러 무엇보다 경제와 교육 기회를 민주화하려는 노력의 통합적 구성 요소에 해당한다면(그렇게 여겨진다) 그 자체로 정당화될 수 있다. 과세 태도 측면에서 미국 진보주의자들은 결국 재분배적 결과를 손상시킬 뿐인 재분배에 대한 찬사를 중단할 필요가 있다. 그러려면 시대 전환적 행동에 내재된 위험과 역설을 감수하며 이에 맞서야 한다.

오늘날 미국은 다른 어떤 큰 나라보다 저축을 잘하지 않지만, 그렇다고 신생기업에 자금을 잘 공급하지도 못한다. 미국만큼 자본 및 주식시장에서의 거래 포지션과 생산을 위한 효과적 자금조달 간의 단절이 분명한 곳도 없다. 다음 단락에서 논의할 공급 측면의 경제적 기회 확대 조치에는 벤처자본의 역할을 그것이 늘상 해 오던 영역 너머로 확대시키려는 노력이 뒤따라야 할 것이다. 그러한 확장의 원리는 언제나 동일하다. 가능한 한 시장을 이용하고, 필요하면 정부가 설립하지만 시장을 모방하는, 또는 지금 존재하는 것보다 더 광범하고 다원적인 또 다른 자본시장을 염두에 둔 단위를 활용하는 것이다.

비록 미국은 다른 세계와 맺고 있는 현실적인 경제관계 때문에 국내 저축 수준을 강제로 높이지 못했지만, 내가 제안하는 기획에는 저축 증대가 필요하다. 저축 증대는 매우 누진적인 비율로 공공 및 민간 연금 체계를 활용하는 강제 의무저축으로 실현할 수도 있고, 진보적으로 포장한 간접적 소비과세라는 조세로도 보장할 수 있다. 개인 소비에 대한 누진적인 과세, 납세자의 총소득과 저축 간 차이 줄이기, 언제나 누진과세의 주요 대상이 되는 것(개인 삶의 질적 위계)에 타격 가하기 등이 이런 과세 형태에 속한다.

미국에서 시장경제를 민주화한다는 것은, 유럽 및 여타 부유한 사회민주주의 국가들에서 하는 것과 똑같은 것을 한다는 것이다. 어디서든 경제의 수요와 공급 양 측면에서 주도력을 요구하는 헌신이 바로 그것이다.

오랜 역사를 자랑하는 신용의 분산,[14] 위험과 새로움에 대한 준비 태세, 실제적인 창의적 기질, 신생기업을 압박하는 높은 장벽의 부재 등 미국이 경제적 활력 제고를 위해 사용해 온 다양한 수단들은 공급 측면에서 최고로 대담한 발의가 되는 데 아무 부족함이 없으며, 역설적으로 유럽과의 이러한 차이점 때문에 미국이 선진경제에서 가장 불평등한 경제가 된 것은 아니다. 따라서 유럽 구도에서는 내가 최대 목표로 정의한 것, 즉 자본과 지식 그리고 기술집약적 경제 부문에서 늘상 선호하고 관습화된 영역 밖에서 선진적 실험주의 생산 관행을 확산하고자 정부 권한을 사용하는 것이 미국에서는 최소 목표로 간주되어야 한다.

---

14 소규모 지역 은행은 지역 고객과 오랜 관계를 유지하고 이들에 대한 세밀한 정보를 보유하고 있다. 대출 구조도 분산되어 있다. 이로 인해 소규모 지역 은행은 대출 의사결정에서 많은 자율성을 가지며 지역 밀착적인 대출 영업에서 대형 은행보다 경쟁우위를 가질 수 있다. 미국에는 이러한 지역 밀착형 은행이 많이 설립되어 있다. 물론 최근에는 은행의 대형화 바람과 금융위기 등으로 인수·합병되거나 도산하는 경우가 빈번히 발생하고 있다.

오늘날 세계적으로 가장 효율적인 농업생산체계가 된 체계를 조직화하기 위해 19세기 미국의 연방 및 주정부가 수행했던 것과 같은 임무를 오늘의 미국 정부가 지금보다 더 큰 규모로 초점을 달리하면서 수행해야 한다. 19세기에는 가족농 간의 협력적 경쟁 시스템을 보장하고자 돕고, 위험관리 수단들을 고안하고, 자원 및 시장에 대한 접근을 용이하게 하는 일 등을 수행했다면, 이제는 그 규모를 산업과 서비스 경제 전반으로 넓혀야 한다. 그리고 정부와 집단행동을 통해 선진적인 실험주의 생산의 전제 조건이 되는 것들의 기능적 등가물을 창조하고, 가장 성공적이라 입증된 국지적 규모에서 조직적이고 기술적인 혁신을 확산하는 일에 초점이 맞춰져야 한다.

이 기능적 등가물은 필수적이다. 왜냐하면 가장 선진적인 경제에서도 많은 부문에서 실험주의 생산의 전제 조건이 빠져 있기 때문이다. 이를 담당하는 조직들은 신용을 조사하고 제고하는 역할을 맡아 선진기술을 기초적 조건에 맞도록 조정해 준다. 사람들이 직장에 다니는 동안에는 늘상 교육에 접근할 수 있게 하고, 실직하는 경우에는 재훈련을 받게 한다. 위험관리 수단들이 기존 시장제도에서는 즉각 적용이 불가능한 경우에는 이를 대체할 효과적인 수단을 제공하는 것도 이 조직들의 임무이다. 그리하여 이 조직들은 협력적 경쟁 네트워크를 지원하여 기술자 및 기업가 팀들이 자원을 풀링pooling하고 규모와 범위의 경제를 실현할 수 있게 돕는다. 이 조직들이 경제의 선진 부문과 후진 부문 간의 연계를 강화하고, 지속적 혁신과 협력적 경쟁의 기질 및 방법에 사람들을 참여시킬 때 비로소 가장 성공적인 국지적 관행의 전파가 정말 유용해질 것이다.

이 같은 시장경제의 제도적 재편의 담당자는 위에서 아래로 하달하는 중앙관료제에 속해서는 안 된다. 담당 조직은 정부가 설립하고 돈을 댄 사회경제적 조직으로서, 시장을 모방하면서 표준적인 민간기업과 경쟁할 뿐만 아니라 경쟁해야 한다. 그 직원들이 받을 보상은 그들이 개장을 도와준 바로 그 시장에서 측정된 성과로 정해진다.

이 조직 담당자들의 임무는 규제하거나 보상하는 것이 아니라, 더 많은 사람들을 위해 더 많은 방식으로 시장을 창출하는 것이다. 사람 및 기업에 대한 여러 다양한 관계들이 맺어져야만 대안적인 재산 및 계약 체제의 출현을 기대할 수 있다. 그리하여 시장지향적인 자유로운 재조합 사고가 시장의 제도적 틀 속에 들어와 일반화되고 급진화될 수 있다. 현재와 같은 독단적 형태에서는 대다수 노동계급 남녀를 점점 더 불안정하고 숨가쁜 노동에 방치할 수밖에 없다. 이는 가난으로부터의 보호는 될지언정 역량을 제고하고 계몽하는 것과는 거리가 멀다. 이는 결국 작은 나폴레옹을 꿈꾸는 아메리칸 드림을 좌절과 환상으로 내몬다.

유럽에서처럼 미국에서도 공급 측면에서의 이 같은 진보적 개입, 즉 시장을 규제하기보다 그 틀을 재구성하려는 노력은 수요 측면의 진보적 개입을 동반해야 한다. 그러나 대중소비 촉진을 위한 통화 및 재정 면에서의 경기부양책보다는, 이제부터 이야기할 두 번째 발의가 노동의 지위 문제에 가장 잘 응답할 것이다. 부유한 나라의 민주주의나 가난한 나라의 민주주의 할 것 없이 노동의 지위는 미국에서 지난

40년 동안 극적으로 퇴보하였다. 노동이 국민소득에서 차지하는 몫, 내부 분절화의 정도, 조직화된 권력 수준, 그 영향 및 안정성 모두 그러하다. 이는 그 자체로 부당하고 역량을 까먹는 상황일뿐더러, 이 책에서 제출된 것과 같은 프로그램의 모든 측면들을 (무력하게) 뒤엎어 버린다. 사회적 부의 축적과 보통 노동자가 경제성장의 편익을 향유할 수 있는 능력 간의 연관이 파괴되기 때문이다. 더욱이 이런 상황은 적어도 좌파에게 봉사할 가능성이 있는 만큼 우파에게도 도움이 될 것 같은 조급한 불안감을 불러일으킨다.

따라서 기업이윤의 공유 원리 일반화, 임시 노동자에 대한 직접적인 법적 보호 제공, 미조직노동자의 이해를 대표하는 소수 조직노동자의 권한 강화, 직무특수적 숙련뿐 아니라 일반적 역량의 평생교육 기회에 대한 공적 비용 제공, 사적 · 공적 수단을 통한 선진적이고 실험적인 생산 관행의 확산 및 이러한 관행의 일부 분야 쏠림 현상 방지, 조세 체계를 통한 민간 고용 및 빈곤 저숙련노동자의 직무훈련 보조, 기업 내 임금 및 부가급부의 불평등 심화에 대한 직접적인 법적 제약 부과 등의 진보적 개입 사례들이 서로 결합되고 이어지면 노동 수익에서의 극단적 격차들이 억제되고 국민소득에서 노동 몫 하락의 반전을 꾀할 수 있게 된다.

미국에서 경제적 기회의 민주화는 더 넓은 미국 민주주의 심화 프로그램 안에서만 충분한 효과를 거둘 수 있다. 이 프로그램에는 자발적 행동의 경제적 · 제도적 기반의 재조직화, 그리고 민주정치의 활성화가 반드시 포함돼야 한다.

미국의 성공에서 협력 능력보다 더 중요한 능력은 없었다. 미국인들은 계급 특권에 대한 반감이 있는데, 이 반감은 그들이 마지못해 인정하는 계급구조의 위력 아래서도 계속 유지되고 있다. 또한, 미국인들은 끊임없는 작은 해법들의 누적된 효과로 큰 문제들에 대처하는 보통 남녀의 힘에 대한 신념이 있다. 이 신념 덕분에 수많은 규칙들과 상황들 속에서도 훌륭하게 협력하는 요령을 터득할 수 있었다. 그러나 20세기 말의 쇠퇴하는 변화들은 자발적 결사의 약화에서 보듯이 이러한 위대한 집단적 능력을 위태롭게 만들어 버렸다.

우리는 문제가 제도적 틀이 아니라 결사의 정신에만 있다고 가정하곤 하는데, 이는 미국적 신념에 항상 큰 영향력을 발휘해 온 제도적 물신주의 때문이다. 그러나 제도적 틀에도 문제가 존재하며, 제도적 혁신에 전념하는 좌파만이 그 해법을 보여 줄 수 있다. 결사의 제도적 구도가 부적절함을 깨닫게 될 때까지 미국인들은 계속 결사의 정신을 요구할 테지만 그 정신은 끝내 나타나지 않을 것이다.

자발적 행동이 강화되려면 재정 기반이 강화되어야 한다. 이를 달성하는 한 가지 방법은, 모든 자선 기부에 주어지는 기부금 공제라는 세제 특혜 일부를 적립하는 것이다. 이렇게 적립된 자금은 정부의 영향력에서 완전히 벗어나 다양한 견해를 대표하는 사람들이 관리하는 공적 재단에 주어져야 한다. 그래서 민간 재단에 지원하듯 자발적 집단이 공적 재단을 지원하게 되면, 금권정치나 정부 영향력을 벗어난 공간을 여는 데 도움을 주지 않고서는 부자들이 민간 자선을 통해 그들이 좋아하는 방식대로 일을 추진할 수 없게 될 것이다.

자발적 행동은 그 사회적 초점이 예각적으로 분명해야 한다. 도움이 필요한 사람들을 돌보는 책임만큼 중요한 것은 없다. 건강한 성인이면 모두 생산체계뿐 아니라 돌봄경제에서도 일정한 지위를 가져야 한다는 원리는 시민사회 및 그 자기조직 역량을 시험대에 올리는 도전이다. 사회는 정부와 민간기업 외곽에서 이 원리를 조직해야 하고, 새로운 형태의 공공서비스 및 공동체 조직에서 최상의 효과를 거둘 수 있게 이를 전개하고 적용할 필요가 있다. 이는 미국의 전통적인 협력 기법을 집단적인 문제 해결에 확대 적용하는 것이다.

그러므로 자발적 행동을 처리할 법적 장치 또한 확대되어야 한다. 전통적인 계약 및 기업법 체제로는 충분하지 않다. 민법은 자발적 결사의 도구로서 기꺼이 조직화하려는 준비 태세가 사람들에게 이미 존재한다고 전제한다. 그리고 공법은 의무적인 틀 내에서 민법으로 무엇을 할 것인지를 규정한다. 이는 단일한 공식에 따라 하향식으로 부과된다.

민법도 공법도 아닌 사회법이 할 과제는, 대중들이 가족 바깥에서 서로 돌볼 수 있도록 스스로 조직화할 수 있도록 정부 및 기업의 바깥에서 사회의 자기조직화를 고무하는 일이다. 예컨대 사회법은 지방정부 구조와 병행되지만 그것과는 완전히 독립된 근린지역 결사체 구조를 확립할 수 있다. 이에 따라 지역사회는 지방정부 안에서 그리고 그 바깥에서 두 번 조직된다. 이러한 각 조직 형태는 다른 조직들과의 경쟁 압력을 가할 것이며, 하는 일이 중복되거나 경직적인 분업을 수용하지 않을 것이다.

이러한 프로그램 안에서 자발적 조직 기반의 개혁은 민주정치의 제도적 기반을 재조직화하는 작업으로 보완되어야 할 것이다. 헌법 숭배는 미국식 제도 숭배의 최상의 사례다. 바로 이런 숭배 때문에 헌법을 수정하기보다 재해석함으로써 헌법을 변화시킨다는 미국적 선호가 초래되었다. 이는 마치 어떠한 창발적인 비전을 가진 민중의 정치적 요구도 헌법의 틀 안에 감추어져 있어 놋쇠같이 단단한 법의 신탁으로 드러나기만을 기다려야 하는 것과 같다.

그러나 미국의 헌법질서는 설계상 두 가지 별개의 원리를 혼합하고 있다. 하나는 자유주의적인 것이고, 다른 하나는 보수적인 것이다. 자유주의 원리란 권력이 분할되어야 한다는 것이다. 즉, 상이한 정부 부처 그리고 연방국가의 상이한 부분으로 권력이 나누어져야 한다는 것이다. 이처럼 정치적 기획의 전환 범위와 이를 실행하려면 극복해야 할 헌법적 장벽이 지닌 엄격함 사이에 일련의 상응관계가 수립되어야 한다는 것이 보수주의 원리다. 보수주의 원리의 요점은, 정치의 속도를 늦추고 변화의 위기 의존성을 강화시키는 것이다.

미국인들에게 자유주의 원리와 보수주의 원리는 자연스럽게, 필연적으로 연결되어 있는 것처럼 보인다. 그러나 그렇지 않다. 후자를 거부하면서 전자를 유지하는 것이 가능하다. 이 목표는 일련의 두 가지 개혁 묶음을 결합함으로써 달성될 수 있다. 하나는, 정치에서 조직되고 지속적인 대중참여 수준을 높이도록 계획을 짜는 것이다. 다른 하나는, 신속하고 단호하게 정부 내 부처 간 교착상태를 타개하도록 하고 이 과정에 일반 유권자를 참여시키는 것이다.

이 두 번째 묶음의 개혁에서는, 예컨대 국가적 차원의 논쟁이 일어나고 대통령과 의회가 모두 동의하면 포괄적 프로그램에 따른 국민투표 방안을 활용할 수 있다. 정치 분파들이 난국에 직면한 경우에는, 어느 한쪽이 조기선거를 요청할 권리를 줄 수 있다. 어느 한 정치 분파가 발의했다고 해도, 조기선거의 효과는 항상 양쪽 분파에 동시에 일어난다. 따라서 이 권리를 행사하는 분파는 선거 리스크라는 대가를 치러야 한다. 특히 대중적 정치 동원 수준을 높이려는 맥락 속에서 이 개혁이 수행된다면, 매디슨 체제의 제도적 논리가 뒤집힐 수 있다. 그 체제의 논리는 정치의 속도를 늦추기 위한 장치로부터 정치를 가속화하는 장치로 전환될 것이다. 제도 설계 문제에서 작은 차이들이 큰 효과를 낳을 수 있다.

그러나 헌법을 숭배하는 미국인들에게는 국가비상상태의 부재에서 정치의 속도를 높여야 할 필요성에 대한 몰인식이 광범히 퍼져 있어 이 같은 제안은 어떠한 것이라도 지지를 얻기 힘들다. 그러므로 미국 민주정치의 개혁에서 시급히 착수해야 할 것은 난국의 신속한 타개에 유리한 헌법의 재설계가 아니다. 그보다는 금권정치의 영향력을 떨어뜨리면서 시민적 참여와 교육수준을 높이는 개혁을 수용하는 것이 우선이다. 즉, 속도를 높이기 전에 온도부터 높이는 것이다. 관련된 발의 중에는 캠페인을 위한 공적 자금조달을 가능케 하자는 것이 있을 것이다. 그리고 정당뿐만 아니라 조직된 사회운동을 대신해서 텔레비전과 라디오 사업이 영위되는 공공허가권 취득 조건으로 대중 전자 언론매체에 대한 자유로운 접근을 확대시키자는 발의도 나올 것이다.

전체적으로 볼 때, 이러한 미국의 방향 재설정과 변혁 기획은 너무나도 포괄적이고 야심 찬 것이어서 맥락의 제약이 부과하는 검증을 견뎌 내지 못할 수 있다. 그러나 이 기획은 거의 전적으로 익숙한 요소들로 구성되어 있다. 다른 부분의 진전이 실패하고 그에 따른 한계와 마주하기 전에, 다른 부분의 진전은 아주 멀리 앞서갈 수 있다.

이 프로그램은 이제껏 존재하지 않던 지지자들 쪽으로 다가가야 한다. 노동계급 다수는 대의상 인종적이고 종교적인 분할을 초월할 수 있다. 그렇더라도 이 프로그램은 지지 기반의 존재를 당연하게 여기지 않는다. 사상의 정식화와 실천의 추진은 지지 기반의 창출에 도움을 줄 것이다. 이 기획은 토대의 창출을 돕고, 이렇게 만들어진 토대는 이 기획이 더 앞으로 나아가도록 해 준다. 모든 점에서 해당 기획은 단지 미국만의 것이 아닌 문제를 제기하는데, 그 문제는 부국이든 빈국이든 오늘날 모든 사회에서 좌파가 직면한 대표적 곤경을 나타낸다.

다른 나라도 마찬가지지만, 미국에서 이러한 기획은 의식을 둘러싼 더 큰 논쟁 구도 속에서만 소생할 수 있다. 그 투쟁에서 제도적 대안의 가능성에 대한 미국적 과소평가, 그리고 자조와 자기향상을 통한 개인적 탈출 기회에 대한 미국적 과장에 도전할 필요가 있다. 정당 및 사회운동만으로는 이러한 미래예견적 작업을 이끌어 갈 수 없다.

그러한 신념과의 투쟁에서 국민국가가 여전히 공동의 삶의 조건을 실험하는 특권적 영역으로 남아 있을 때, 우리는 나라의 정신을 우리의 목적으로 받아들인다. 미국인의 특징은 에너지, 독창성, 관대함, 실제적인 선의, 협력하려는 태도, 국민적·개인적 생활에서 무언가 빠진 것이 있다는 감각이다. 이러한 감각이 그들의 끊임없는 노력과 심장을 두드리는 열망을 고취한다. 다른 한편으로 자신들의 제도에 대한 맹신적 태도, 자기정립이 사회적 연대성에 의존한다는 인식의 부재, 사회생활에서 교제도 없고 고독도 없는 중도 상황에 주저앉는 성향, 그리고 상상력의 부재가 미국인의 특징적인 결함이다. 미국인들은 모든 위대함을 가능케 하는바 자발적인 협력과 헌신의 자세를 위해 지금보다 더 나은 기회를 제공하려 노력하지 않고서는 그들의 이해나 이상을 더 실현하기는 어렵다.

제10장

세계화, 그리고 대안

앞서 말한 바와 같이 부국과 빈국이 함께 발전할 대안은 그 설계 방식에서 대안을 억압하지 않는 세계질서를 필요로 한다. 지금 세계화는 굴복을 변명하는 일반적인 알리바이가 되어 버렸다. 모든 진보적인 대안은 세계화의 제약들로 인해 비현실적인 것이 되면서 조롱당하고 있다. 그러나 오늘날 중국과 남미의 대조적인 경험이 보여 주는 바와 같이, 진실은 현재의 세계경제와 정치질서조차 광범한 효과적 대응의 여지를 용인하고 있다는 것이다. 더욱이 우리는 남느냐 떠나느냐 하는 양자택일의 기반 위에서 기존의 세계경제나 정치체제에 접근할 이유가 없다. 결코 '얼마나 많은 세계화인가'만을 물어서는 안 된다. 동시에, 언제나 '어떤 방식의 세계화인가'라는 질문을 던져야 한다.

우선적인 목표는 자격 있는qualified 다원주의,[15] 즉 민주주의들의 세계

---

15 흥미, 관심, 문화, 신념 등에서 다양성을 인정하고, 다양한 의견을 존중하겠다는 것으로 현대 민주주의의 기본 원칙 중 하나이다. 여기서는 무차별적이고 무가치적인 다원주의가 아니라 실질적 민주주의를 담보할 수 있는 '자격이 있는qualified' 다원주의를 의미한다.

를 만드는 것이다. 민주주의들의 세계란 조직과 경험 형태의 차이를 존중하는 것이며, 이는 자유롭다고 주장하는 사회가 위기에 의존해 개혁을 해야 하거나 또는 그것에 도전할 수 있는 형식적인 권리와 더불어, 그 안에 실질적인 권력을 창출할 수 있는 의견이 분분한 개인과 집단을 거부해서는 안 된다는 요건에 의해 제한되어야 한다. 이러한 권력과 권리는 개인이 자신이 태어난 사회와 문화에서 자유로이 벗어날 수 없는 한 전적으로 보장될 수 없다. 국경을 가로질러 해외로 가서 일할 더 많은 자유는, 저마다 다른 국가들의 상황에서 중심을 잡아 줄 가장 강력한 평형장치이자 개인의 자유를 지켜 줄 기본적인 안전장치를 제공한다.

민주주의 세계에서 국가 간 차이가 수행하는 역할은 도덕적 전문화의 형태를 보여 주는 것이다. 즉, 인류의 권력과 가능성은 인류가 이를 저마다 다른 방향으로 전개시킬 때에만 발전할 수 있다. 이러한 수정된 다원주의의 전제는, 대의민주주의와 시장경제 그리고 자유로운 시민사회에는 단 하나의 자연적이거나 필연적인 형태란 없다는 것이다. 이것들은 그 각각을 정의하는 제도의 갱신을 통해서 발전한다.

세계화의 개혁은 결코 국제 엘리트 개혁가들이 마음 좋고 행실 단정한 다수 보통 사람들에게 제공하는 식으로 이루어지지 않을 것이다. 그것은 여전히 대안 추구의 가장 중요한 구도로 존재하는 국민국가와 세계의 지역블록에 뿌리를 둔 투쟁의 결과여야 한다. 그러한 개혁이 현실화되려면 많은 국가들에서 세계질서의 기존 규칙 및 타협 형태와 갈등하는 방향을 취해야만 한다. 현 질서가 부과한 제약들이 있다고 해서, 내가 여기서 탐구하는 바와 같은 대안의 방향으로 마음 먹는 국가들이 첫걸음을 내딛지 못하란 법은 없다. 그럼에도 이 대안 들이 추진될수록 이 제약들은 인내하기 힘든 것이 될 것이다.

오늘날 저항의 소재지가 될 최대의 잠재력을 가진 사회는 중국·인 도·러시아·브라질 등 대륙의 개발도상국들이다. 이 국가들은 자신 들을 다른 세계로 상상하는 수단인바 실제적·정신적 자원들을 자기 내부에서 결합시키고 있다. 그러나 세계 변혁의 담당자로서 이들이 갖는 이점은 상대적이며 상황의존적인 것에 불과하다. 더욱이 이들 나라는 최근 각기 서로 다른 이유들로 인해 이 도전의 잠재력을 실천 에 옮길 능력이 저하되었다. 이들 국가가 반역과 재건 시도에서 성공 하려면 서로의 도움은 물론이고, 유럽인이나 국제적 감각을 가진 미 국인들의 도움이 필요할지도 모른다.

그렇다면 세계 정치경제체제의 제도적 배치에서 일어나야 할 개혁 은, 자국의 도전적 실험과 세계체제에 대한 참여를 화해시켜야 한다 고 주장하는 국민국가들의 요구 사항이어야 한다. 개혁은 다시 이단 異端의 발전을 촉진할 것이다. 오늘날 인류를 위한 최선의 희망은 국가 적 편차와 글로벌 재건 간의 이 같은 상호작용에 놓여 있다.

세계화 개혁을 위한 진보주의자의 프로그램은 적어도 다음의 세 가 지 요소들을 포함해야 한다. 세계무역체제의 재설계, 다자간 조직, 특 히 브레튼우즈 체제[16]의 방향 재정립, 그리고 미국 패권의 봉쇄 또는

---

16 이 전후 체제는 자유무역주의를 통한 호혜를 주장하면서도 고삐 풀린 자본의 자유이동을 통

전환이 바로 그것이다.

　현재 새로 부상하는 세계무역체제는 다음의 세 가지 원리로 조직되고 있다. 그러나 이 각각의 원리는 급진적으로 수정되어야 한다. 첫번째 원리는 자유무역의 극대화를 세계무역체제의 지상목표로 간주한다. 현대의 모든 부유한 경제는 자유무역의 가미와 선택성을 동반함으로써 성장할 수 있었다는 것이 거의 깨어지지 않는 기록인데, 현재 체제의 이데올로그들은 이 기록을 낡고 오도된 방향이라고 간주한다. 이렇게 단서 붙은 접근이 아니라, 근대사 대부분을 통해 모순투성이고 논쟁의 여지가 있는 교리doctrine에 불과한 것이기 때문에 융통성이 없던 무역법을 굳게 고수하려는 시도가 있다.

　자유무역 극대화에 따른 필연적 결과는 일반 무역규칙에서 벗어날 기회의 축소이다. 관세 및 무역에 관한 일반협정GATT은 그런 기회들을 아낌없이 제공했다. 그러나 이후의 세계무역기구WTO 체제는 심각하게 그 기회를 제약했다.

　세계무역체제의 주요한 목표는 민주적 다원주의의 풍부한 범위 안에서 대안적인 발전 궤적과 문명 경험의 공존을 촉진하는 것이어야 한다. 자유무역은 수단이지 목적이 아니다. 어떠한 개방적 세계경제도 정치적 민주주의와 시장경제 양자를 정의하는 제도적 장치들의 실험을 포함한

제하는, 이른바 '착근된 자유주의embedded liberalism' 이념에 기반을 두었다. 미국의 세계 패권을 알리는 체제이기도 하며, 이를 통해 국제통화기금(IMF)과 국제부흥개발은행(IBRD · 세계은행)이 설립되었다. 이들 기구는 글로벌 신자유주의 시대에 들어와서는 일방적으로 미국의 패권이익에 봉사하고 자유시장주의(워싱턴 컨센서스)를 세계화하는 선봉대 역할을 했다

민주적 실험주의에 대한 억압에 의존해서는 안전하지 못할 것이다.

　이러한 대조적 원리에서 나오는 필연적인 추론은, 일반 무역규칙에서 벗어나려는 어떤 국가의 선택적 이탈이든 그것에 상응하여 다른 시장에 대한 접근 상실을 기초로 협상되는 한, 그 이탈 능력에서 광범한 자유를 가져야 한다는 것이다. 선택적 이탈은 그것을 행사한 국가들만의 유일한 이해利害가 아닐 수 있다. 그것은 전체 세계의 이해일 수 있다. 전 세계는 탈퇴 권리에 의해 보완하지 않을 때 그 대책이 허용하는 것보다 더 다양한 국가 경험을 장려함으로써 베팅 위험을 회피할 이해관계를 가지고 있다.

　현 세계무역체제의 두 번째 원리는, 시장경제가 조직되는 방식에 대한 특수한 독단적 견해에 기초하여 세계무역을 조직화하려는 노력이다. 그 결과는 오늘날 가장 부유한 경제에서 확립된 사유재산 및 계약 형태들을 세계교역 체계 규칙 속에 집어넣고서 정부와 민간기업 간에 있을 수 있는 광범한 조정 형태들을 금지된 보조금이라고 불법화시키는 것이다.

　시장경제는 제도적 전제 조건을 포함해 그 자체의 전제 조건을 창출할 수가 없다. 시장에 대한 추상적 사고의 관점에서는, 국가와 민간기업 간의 연계가 허용되는 경우와 그렇지 않은 경우를 어디서 어떻게 구별할지가 완전히 임의적이다. 그럼에도 불구하고 우리가 자주 경제적 정통이라 착각하는 혼란된 사고는 이렇게 선을 긋는 특정한 한 가지 방식을 시장의 본질 및 자유무역의 요구 사항 모두에 연결시킨다. 더 많은 방식으로 더 많은 사람들에게 더 많은 기회를 제공하는 새로운 유형의 시장 창출에서 정부가 개입할 여지가 협소할수록, 세계경제에서의 비교우위 분포는 기후 분포처럼 자연적인 것으로, 변화되기 힘든 사실처럼 보일 가능성이 커진다.

대안이 근거해야 할 반대 원리는 어떤 특수한 시장경제 변종의 가정들을 세계무역체제에 집어넣는 것을 거부하는 것이며, 기본적 인권에서 비롯되는 가정들을 옹호하는 것이다. 인류가 견딜 수 있는 억압의 강도에 따라, 세계질서가 민주주의 세계로 바뀌는 정도에 따라, 적용 가능한 권리의 기준도 진화해야 한다. 예컨대 직업안전 기준을 보편화하라는 압력, 아동노동을 금지하라는 압력, 노조를 조직하고 파업할 권리를 보장하라는 압력, 그리고 더 광범위하게 국민생활에서 민주적 참여를 보장하라는 압력이 이 기준에 반영되어야 한다.

이러한 한계를 배경으로, 세계무역체제는 우리가 재산이라 부르는 권리의 우연한 조합에 대한 한 가지 견해를 공고히 하려고 해서는 안 된다. 지적재산이라는 미명 아래, 혁신을 선진국 이익을 옹호하는 자산으로 전환시키는 방식을 취해서는 안 된다. 상대적 후진성의 저해요소들을 극복하는 혁신은, 시장의 재구축에 정부권력을 사용하는 것을 금지된 보조금으로 불법화해서는 안 된다. 시장 창출의 발의가 시장 거래에 의한 자원배분 나팔 불어대기와 혼동되어서는 안 된다.

세계무역 체계가 근거하는 세 번째 원리는, 자유로운 세계경제라는 관념이 지닌 의미에 대한 선택적 이해이다. 현재 세계는 자본은 자유롭게 세계를 돌아다니지만 노동은 여전히 국민국가 또는 유럽연합처럼 상대적으로 동질적인 국민국가 블록에 갇혀 있는 체제가 구축되어 있다. 세계무역주의자들은 이러한 선택적 무자유unfreedom를 자유라고 부른다.

그러나 우리는 자본과 함께 노동도 조금씩 누적적으로 국경 횡단의 자유를 얻는다는 정반대 논리를 주장해야 한다. 노동이동의 자유 확대보다 국가 간 불평등의 빠른 완화에 기여할 것은 없을 것이다. 불균등하지만 오랫동안 세계에서 일어나고 있는 변화를 이보다 더 가속화시킬 것은 없을 것이다. 이는 국민을 정의하는 기반인 세대적 연속성을 제도적 · 도덕적 구분, 즉 미래를 건설하는 데 대한 헌신의 공유로 대체하는 것이다.

이러한 권리의 강화가 낳을 모든 수많은 문제들, 특히 부국에서 일어날 노동 지위에 대한 위협과 반동적 역습 위험에 대한 대답은 언제나 동일하다. 바로 한 걸음 한 걸음 나아가는 것이다. 완전한 사회적 권리 부여 이전에 국경을 이동할 수 있는 노동허가제가 임시로 선행되어야 한다. 그리고 참여할 권리를 인정해 배제할 권력과 균형을 이루게 해야 한다. 그렇게 하면 비록 한 걸음씩 나아가더라도 이 방향이 일으킬 변화는 세계질서의 특성과 그 내부 모든 국가의 성격에 거대한 영향을 미칠 것이다.

세계무역 시스템의 개혁은 다자간 조직, 특히 브레튼우즈 체제의 원래 조직—국제통화기금과 세계은행—의 방향을 재조정하는 작업을 필요로 한다. 이 조직들은 오늘날 부국이 빈국에 압력을 가하는 프로그램, 그리하여 빈국이 긴급한 필요나 불운에 처해 자칭 보호자와 검열관의 지원에 의존하게 될 경우에 수용하는 프로그램에 대해 광범위한 권한을—거칠게(국제통화기금) 또는 부드럽게(세계은행)—행사하고 있다.

발전 전략 및 제도적 질서에서 대안들이 융성했던 시기에는 이 조직들이 지금과 다른 대조적 압력을 행사할 이유가 있었다. 즉, 그 압력 행사는 민주주의들의 세계에서 개방된 세계경제를 구축할 핵심적인 공통 원리와 공약 기반을 찾는 것이었다. 그러나 오늘날 우리가 처해 있는 다른 상황, 즉 대안이 없다는 독재의 지배 하에서는 이 조직들이 담당해야 할 중요한 역할은 차이가 출현하도록 지원하는 것이어야 한다. 분기分岐가 지배적일 때에는 수렴을, 수렴이 지배할 때에는 분기를 추구하는 식으로 이들 조직이 통념과 반대로 행동한다면 인류에 가장 유용할 결과를 가져올 것이다.

이 조직들이 보편적 책임을 지는 한, 최소한의 권력은 가져야 한다는 원칙이 확립되어야 한다. 예컨대 국제통화기금에게 주어진 최소한의 역할이란 우발적인 국제수지 위기 및 국가정책 지향의 큰 차이에 직면해 세계경제의 개방성을 유지하도록 지원하는 것이다. 각국이 처한 곤경을 획일성을 부과하는 기회로 삼을 것이 아니라, 국가들의 실험을 더 잘 지원할 단기 브리지론이나 신용 제고를 조직화하고 혹은 최종 대부자로서 대부를 제공하는 식으로 도움을 주어야 한다.

다자간 조직들 역시 그들이 공적 은행가, 공적 벤처자본가 또는 공적 전문가로서 국가 발전 전략과 국가 개혁 의제들을 지원하고 정의하는 만큼 다원주의에도 기여해야 한다. 이들이 다원주의에 기여할 가장 확실하고 유일한 방식은 그들 스스로가 다원주의자가 되는 것이다. 이러한 경로형성적 책임은 조직을 다양한 조직으로 나누거나 라이벌 팀과 협력하는 틀 또는 네트워크로 전환하여 행사하는 것이 바람직하다. 이 다양한 조직 또는 팀들이 각기 상이한 전략 및 의제에 봉사해야 한다.

이 같은 계획은 오직 자금조달 문제가 자동적이라 할 정도로 풀릴 때에만 효과적으로 실행될 수 있다. 예컨대 자금조달은 오늘날 세계적으로 가장 통상적이며 경제적으로 가장 중립적인 조세에 특별부과하는 방식이 있다. 바로 정률의 종합부가가치세다. 세계 각국의 시민들이 어느 정도의 재분배를 관대하게 수용할 만큼 현명하고 올바르다면, 해당 나라의 1인당 국민소득에 따라 3~4개 등급으로 이 특별부담을 계산하면 된다. 이 세금을 '다원주의 세금'이라 부르자. 경제적 진보와 제도적 다양성의 만남을 지원하도록 부과되는 세금이다.

더 진정한 권력으로 구성된 다원성이 다시 한 번 세계에 출현할 때까지, 국제무역 체계의 개혁이나 다자간 조직의 방향을 조정하는 것만으로는 대안의 민주화에 더 우호적인 세계질서를 창출하기 어려울 것이다. 이런 다원주의가 우세해지려면 미국의 패권을 봉쇄하거나 그 성격을 전환시키는 것이 필요하다. 적어도 제2차 세계대전 이후 역대 모든 미국 정부는 불안정한 국제조직의 틀을 미국의 이데올로기적 공약과 안전보장 관심사에 종속시키려 했다. 모든 미국 행정부는 국제조직의 막후에서 자기 쪽으로 끈을 끌어당겼다. 100년 이상 동안 미국 외교정책의 확고한 목적은 서반구에서 논란의 여지없는 확고한 헤게모니를 행사하는 것, 그리고 어떤 다른 세계에서도 다른 권력이 미국과 글로벌 영향력을 겨룰 만큼 힘을 굳히지 못하도록 하는 것이다. 이제 우리는 더 나은 미국 헤게모니를 생각해 볼 수 있다. 아무런 헤게모니도 없는, 지금보다 나은 상황을 생각할 수 있다. 더 나아가, 공화국을 제국에 넘겨줄 위험을 안고 있는 미국 민중에게 더 나은 상황까지도 생각해 볼 수 있다.

미국은 혁명적인 권력이다. 자국의 이해에 대한 미국의 관념은 실제적인 만큼이나 이데올로기적이다. 미국 문명은 서구의 일부 중심 사상에서 나온 이단적 변종이다. 하지만 미국인들은 미국문화를 지배하는 실험주의적 충동에서 그들의 제도만큼은 예외로 두고 싶어 했다. 그들은 자신들이 자유사회의 공식을, 극단적 압력에 직면해서만 드물게 수정되는 공식을 발견했다고 생각했다. 그리하여 사회 향상에 불가결한 제도 또는 관행, 이상, 그리고 이해 사이의 변증법을 동결시켰다. 동시에 자활 관념에 중심적 역할을 부여했다. 자활 관념은 상호의존의 요구를 경시하고, 개인이 자기 자신에 의존하여 작은 왕이 될 수 있는 정도를 과장한다. 정치적 민주주의, 시장경제, 그리고 자유로운 시민사회에 대한 미국인의 관념은 그들의 신념을 충실하게 표현한 것이다.

미국 바깥의 모든 인류는 이러한 신념이 자유의 이름으로 다른 세계에 강요되지 못하도록 막고 있다. 그리고 그 보증인들이 콘스탄티누스 대제의 특권[17]을 갖는 것을 거부할 발언 지분을 갖고 있다. 미국

---

17 콘스탄티누스는 기독교도임을 공언한 최초의 로마 황제로서, 그의 개종에 힘입어 로마제국은

의 강압적 힘을 제한해야만, 미국이 지닌 영향력의 성격을 변화시켜야만, 진보를 향한 최선의 희망을 보여 주는 국내적·국제적 개혁에 더 개방적인 세계 환경을 창출할 수 있다.

발전 경로와 문명 경험이 더해진 더 넓은 다원주의는 미국 패권이라는 현실과 어떻게 조화를 이룰 수 있을까? 이러한 패권 현실을 직시하지 않고 국가 간 평등이라는 법률적 환상에 집착하는 것은 이 질문에 대답하기를 멈추는 것이다.

근대사에 존재한 국제 사상과 실천의 세 가지 전통을 비교해 보자. 그 세 가지 전통이란 메테르니히주의와 윌슨주의, 비스마르크주의이다.

메테르니히주의[18] 전통은 질서를 기본 공약으로 간주하는 것으로, 열강들이 제휴하여 전복 기도를 막는 방법을 애호한다. 이 전통은 현재의 우위를 기득권으로 전환시키면서 혁명에 차단벽을 친다.

윌슨주의[19] 전통을 규정짓는 목표는 민족자결을 보편화하는 것이

기독교 국가로 변모하기 시작했다. 그는 이전에 이방 종교의 사제들이 누리던 재정적·법률적 특권을 기독교 성직자들에게 부여하였다.

18 나폴레옹 전쟁의 전후 처리를 위해 열린 빈 회의Congress of Vienna(1814~1815) 이후 30여 년 동안 지속된 유럽의 국제정치 체제를 '빈 체제' 또는 오스트리아의 재상이었던 메테르니히 Klemens, Furst von Metternich가 주도했기 때문에 '메테르니히 체제'라고 한다. 이 체제는 절 대왕정을 유지하기 위해 각국의 자유주의와 민족주의 운동을 억압하는 보수적·반동적인 상호협조 체제이다. 상호견제하는 세력 균형 및 타협이 이 체제를 만들어 냈다. 빈 체제는 1848 년 유럽 혁명으로 붕괴되었다.

19 제1차 세계대전을 계기로 미국 대통령 윌슨은 1918년 1월 세계 평화를 구축할 구상을 내놓았다. 이는 민족자결주의 원칙, 국제연맹 창설 구상 등 전쟁을 종식시킬 조건과 제안 등 '14개 평화원칙Fourteen Points'을 담고 있었다. 이 구상은 미국식 민주주의를 확산시키기 위해 다른 나라의 문제에 적극 개입하겠다는 것을 천명한 것으로, 윌슨은 미국을 고립주의에서 벗어나게 하여 미국의 가치를 다른 국가들에 확산하려고 했다.

다. 그러나 국가체제를 지지하는 열강 또는 단일한 열강과 긴밀하게 동화된 가치 및 제도의 전파를 위한 도구로 민족자결을 간주한다. 윌슨주의는 민족자결 공약을 통해 권력의 다원주의를 지지한다. 단, 그러한 다원주의와 후원국들 또는 단일 후원국의 제도와 이상을 전파하는 공약이 얼마든지 양립가능함을 인정한다. 윌슨주의의 주요 방법은 국제법과 국제조직인데, 이는 이데올로기적 십자군전쟁으로 보충된다. 윌슨주의 프로그램의 관건은 권력과 정의 간의 우연하고도 행복한 일치다. 즉, 미국의 세계 권력 부상은 윌슨주의 추론이 근거하는 가상의 신의 섭리와 같은 사실이다. 그러므로 이 권력의 방어와 인류의 이해관계 간의 어떠한 모순도 인정하지 못한다.

비스마르크주의[20] 전통의 최우선 관심사는 어떠한 헤게모니의 공고화도, 특히 전쟁을 통한 헤게모니 공고화를 회피하는 것이다. 이 전통은 어떤 열강도 다른 국가들을 몰아내지 못하도록 막고, 그들이 전쟁과 항복 사이에서 선택을 강요하지 못하도록 막는다. 비스마르크주의 전통은 애초의 역사적 구도에서 추상적인 의미로 변화되어 두 가지 내용, 즉 권력 중심의 다원성에 대한 애착 그리고 권력과 이데올로기 사이의 연관에 대한 회의론으로 정의된다. 이 목적을 이루기 위해, 비스마르크 전통은 최강국 아래 서열의 국가들을 공유된 이해 및 동조행위 관행으로 끌어들이려 기도한다. 이 전통이 선호하는 방법은

---

20 비스마르크는 1880년대 독일제국의 발전을 위해 유럽 국제질서의 현상 유지와 프랑스의 국제적 고립을 추구했다. 프랑스의 보복을 두려워한 비스마르크는 오스트리아 · 이탈리아와 동맹을 맺으며, 러시아와 제휴하고 영국과의 우호에 힘써, 프랑스의 완전 고립화를 실현하였다.

강압(전쟁 또는 전쟁 위협으로 행사되는)과 법(이데올로기에 입각한) 사이의 중간지대에 있는 관행들에 집중하는 것이다. 이러한 중도에 대한 집착에서 이 전통의 최대 강점 중 하나가 나온다. 바로 경험 및 변화된 상황의 견지에서 자신을 개방해 수정한다는 점이다.

민주적 다원주의의 이해利害에서 볼 때 미국 헤게모니의 봉쇄는 이 세 가지 전통 중 두 가지의 전치 및 재조합을 필요로 한다. 월슨주의 전통에서는 민족자결과 인권에 대한 공약을 받아들여야 한다. 그리하여 이 공약들이 특정 국가가 설교하는 것과 인류가 요구하는 것 사이에 혼란을 초래하는 제도적·이데올로기적 독단주의로부터 벗어나게 해야 한다. 비스마르크주의 전통에서는 다원적인 권력 중심에 대한 공약을 받아들여야 한다. 또한 국가 간의 이해를 통해, 법과 무력 사이의 중간지대에서 접합된 이해를 통해 이 공약을 진전시키려는 노력을 수용해야 한다. 동시에 권력의 다원성에 대한 공약이 민주주의 세계에서 허용되어야 하는 국가 간 차이에 도덕적·정치적 한계를 부여하려는 시도로 저지되지 않도록 해야 한다.

이러한 정신에 입각해 상대적으로 무능한 유엔 체제 바깥에서 정치적·외교적 발의를 하는 것을 상상해 보자. 유엔 체제와 어떤 관계를 맺을지 하는 문제는 열려 있다. 만일 이 시도가 성공한다면 그만큼 유엔의 소생에도 도움이 될 것이다. 이 발의에서 기본 파트너로 삼아야 할 대상은 미국 내부의 국제주의 사조, 유럽연합, 그리고 일부 거대 개발도상국(중국·인도·러시아·브라질)일 것이다. 그리하여 이 발의는 다음과 같은 운영 원리 하에 미국과 중간 수준 국가 사이에 관계 체제를 확립하는 일에 힘써야 한다.

첫째, 국제적 안전보장과 개혁의 주요한 이슈들은 파트너 국가들 간의 합의로 결정되어야 한다. 합의는 미국, 유럽연합, 그리고 대륙 개발도상국 사이에서 현저히 우세한 견해로 정의된다. 이러한 정부 간 협상에 참여하기 위해 반드시 민주적 자치가 선행되어야 하는 것은 아니다. 하지만 사안에 대한 지속적 개입은 수반된다.

둘째, 이러한 국가 간 협상에서 미국의 파트너들은 그 정당성을 승인하지는 않아도 미국 패권이라는 현실은 인정할 수밖에 없다. 다만, 이 협상의 실제적인 함의는 핵심적 안전보장 문제에 대한 미국의 어떠한 위협도 협상으로 묵과되지 않는다는 것이다. 거꾸로, 미국은 다자간 체제의 공동보증인 역할을 한다.

셋째, 만약 미국이 국가 간 협상에서 파트너들의 이해를 무시하고 행동한다면, 설사 미국이 자국의 안전보장 문제에 대한 이해에 따라 자유로이 행동한다고 해도, 그 대가를 치러야 한다. 이런 행동은 미국에 미치지 못하는 국가들이 미국 패권을 제한할 목적으로 긴밀히 단결하도록 유도한다. 이처럼 미국에 못 미치는 국가들이 단결해 대항하는 것은 미국의 정책 목표상 가장 피하고 싶었던 결과이다. 따라서 이 체제는 자기안정화 기제로부터 편익을 얻는다.

이러한 정치·외교 체제의 구축은 미국 헤게모니의 적나라한 현실과 국가 간 평등이라는 법률적 허구 사이의 위험한 대립을 회피하려는 시도를 보여 준다. 법률적이거나 초법률적이라기보다 원법률적 proto-legal 고안을 전개하는 가운데, 이 체제는 필수불가결한 속성을 가지게 된다. 바로 진화가 가능하다는 것이다.

　이 체제의 중심에 협상이 놓이게 된다. 최강국에 미치지 못하는 국가들의 발언권을 통해 세계는 미국 패권의 권리가 아니라 그 현실을 인정한다. 말하자면, 세계적 다원주의로 가는 진전과 교환하는 것이다. 무정부상태의 위험과 제국의 부담, 둘 다 회피하고 싶은 미국으로서는 다자간 이해를 무시하는 일방적인 행동에 대한 대가가 커진 체제를 수용하는 수밖에 없다.

제11장

좌파에 대한 두 가지 관념

오늘날 좌파란 무엇을 의미하는가? 기존의 관념은 새로운 상황에서 새로운 기획을 통해 실현되어야 하고, 새로운 기획은 다시 이전 관념의 재창조를 요구한다.

이제 좌파에 대한 두 가지 관념은 주도권을 두고 서로 투쟁해야 한다. 하나는 제도적으로 보수적인 사회민주주의로의 지향과, 빈국과 부국 모두에서 전환적 야심의 지속적인 퇴각을 보여 준다. 다른 하나는 여기서 내가 개관하는 바와 같은 프로그램의 방향을 활성화하고, 심화하고, 일반화시킨다.

이 두 가지 관념 중 첫 번째가 지배적이다. 비록 그 신봉자들은 인정하지 않는다 해도 말이다. 이 첫 번째 관념은 두 가지로 구성되어 있다. 두 구성 요소 중에서 통상 한 가지만 명시적이고, 다른 한 가지는 가려져 있다.

명시적 부분은 자원 및 삶의 기회에서 평등을 제고하는 것에 대한 공약으로, 주로 조세와 소득이전에 의한 보상적 재분배로 달성된다.

오늘날 이러한 재분배가 하는 주요한 역할은 위계적인 경제분절화가 낳는 소득불평등 효과를 약화시키는 것이다. 주요 관심사는 소득과 생활수준의 불평등이다. 평등 제고 공약이 외견상 드러내는 극단주의는 의도하는 결과(소득의 더 많은 평등) 및 선호하는 수단(정부의 소득이전을 통한 사후적 교정)의 협소함과 공존한다.

좌파의 지배적 관념에서 가려져 있는 부분은, 기존의 경제적·정치적 삶의 제도적 배경을 수용한 점이다. 제도적 재구축 실험들은 20세기의 비참한 정치적 모험과 연관되어 있다. 그 요점은, 어떻게 재고하고 재구축해야 할지 우리는 더 이상 모른다고 달콤하게 달래는 것이다. 이 견해에 따르면, 설사 우리가 도모해야 할 거대한 제도적 변화가 있다 해도 우리는 그것이 무엇인지 모른다. 안다 해도 우리는 힘이 없어서 그 같은 변화를 실현할 수 없으며, 그런 시도가 가져올 위험을 두려워하도록 충고도 잘 받아들일 것이다.

당대의 영향력 있는 수많은 정치철학들이 재분배적 평등주의와 제도적 회의주의 또는 보수주의의 결합을 이론화하고 있다. 그렇게 해서 사회민주주의에 철학적 후광을 부여한다. 이 결합의 종점에 대해서는 철학자들도 대부분 동의한다. 곧 재분배적, 제도적으로 보수적인 사회민주주의를 통해 고전적 자유주의를 수정하는 것이다. 다만, 그 시발점에 대해 동의하지 않을 뿐이다. 바로 어떤 용어로 이 경건한 체하고 희망 없는 독단이 가장 잘 표현되는지, 어떠한 가정 위에서 이 결합의 근거가 가장 잘 성립할지 하는 것이다. 이런 겉포장이 어떻게 사상으로 통용될 수 있었을까?

추상적으로 정식화될 경우에 급진적으로 보일 수 있는 재분배 평등주의가 기존의 제도적 장치들을 겁먹은 채 수용하는 것과 공존한다는 것이 이상해 보일 수 있다. 그러나 외견상 모순된 이 공존이 가져온 결과는 실제적이었다. 즉, 도전 받지 않고 변화되지 않은 제도적 배열들이 이론적 평등주의의 콧대를 납작하게 만들었다. 실제로 달성할 수 있는 경제적 평등의 척도란 이러한 제도적 배열과 양립할 수 있는 척도인 것이다. 우리의 과거의 역사적 경험을 통해 사회적 권한들이 평등화보다는 역량을 신장하는 데 더 효과적이라는 사실을 안다. 사회적 권한 강화가 평등화하는 것이라면 그것의 효과는 경제적·교육적 기회를 확대할 수 있는 개혁에는 부수적이다.

한결같이 물질적 삶의 환경에 방점을 찍는 좌파관의 이론적이고 극단적인 평등주의는 위로상[費] 역할은 한다. 즉, 우리는 더 위대해질 수는 없다, 그러니 모두 더 평등해지자는 이야기다. 이런 식의 대체는 한편으로 인간 권력의 확대, 다른 한편으로 기회뿐만 아니라 생활환경면에서 극단적으로 견고하게 구축된 불평등을 줄이려는 공약 사이에 존재해야 할 관계를 뒤바꾸어 놓는다. 모든 사람이 자기 권력을 확장할 수 있게 하는 것, 이것이 우리가 이 불평등을 극복하려는 최고의 이유이다. 만약 불평등을 완화하려는 우리의 노력이 우리의 권력 축소에만 기여한다면 그것이 유해무익함을 우리는 안다.

좌파가 무엇을 의미하는가에 대한 대안적인 관념은 이러한 가짜 평등주의의 두 가지 요소를 대체하는 것이다. 제도적 보수주의 및 회의주의의 자리에 제도적 변화의 연속과 제도적 실험의 실천을 가져다 놓는 것이다. 요점은, 경제적 재분배와 법적 이상화를 통해 구체제의 전반적인 제도적 변화와 교화 중에서 택일하는 방식을 기각하는 것이다. 이러한 수용 불가능한 선택지를 대체할 기획은 시장의 민주화, 민주주의의 심화, 그리고 개인의 역량 신장이다. 그리고 그 실천은 세계에 대한 참여와 그 세계를 변화시키는 행동 사이의 간극을 줄인다. 그리하여 우리는 참여하는 동안에 능히 더 잘 도전하고 변화를 이뤄 낼 수 있다.

이러한 실천, 이러한 기획이 지향하는 최우선 목표는 개인적·집단적으로 우리를 더 원대하게 하는 것이며, 불평등이 우리를 납작하게 만들고 속박하는 상황에서 기회 및 생활환경 모든 면에서 우리를 더 평등하게 만드는 것이다. 그 목표란 사회를 교화하기보다는 인류를 신성화하는 일이다. 즉, 우리 자신을 더 신과 닮게 만듦으로써 우리를 우리 자신으로 돌아오게 하는 것이다.

인류를 신성화하려는 이 같은 충동의 가장 시원적인 의미는, 우리의 건설적 에너지를 충전하여 강력한 갈망과 삶을 하찮게 낭비하는 상태 사이의 간극을 줄이는 것이다. 시인 워즈워스William Wordsworth는 소책자《신트라 협정The Convention of Cintra》에서 비록 본질적인 해결책을 제시하지는 않았지만 이 문제에 대해 언급한 바 있다.

… 인간의 열정(이는 인간의 가슴속에 있는 감성의 영혼을 의미한다)은—사람들이 추구하거나 떠맡게 되는 그 모든 다툼, 모든 경쟁, 모든 탐구, 모든 즐거움, 밥 먹고 사는 모든 일자리에서—자신의 목표를 혜

아릴 수 없을 만큼 초월한다. 인류의 진정한 슬픔은 바로 여기에 있다. 즉, 그 슬픔은 인간의 마음이 실패한다는 데 있지 않다. 그 슬픔은 인간 행동과 삶의 여정 및 요구들이 인간 욕구의 존엄성 및 그 강렬함에 부합하는 경우가 매우 드물며, 서서히 시드는 것이 너무 쉽게 외면당하고 모욕당한다는 데 있다.[21]

그렇지만 적어도 어느 정도, 어떤 의미에서는 해법이 있다. 그것은 의식의 방향 설정뿐만 아니라 사회조직에서 지속적인 일련의 변화집합을 필요로 한다. 이 해법이 주는 편익은 우리의 가장 근본적인 이해利害들에 직결되어 있다. 첫째, 인간의 삶을 짓누르는 빈곤·고역·질병의 부담을 줄이는 것과 관련된 우리의 물질적 이해이다. 새로운 변화는 영속적 혁신에 가장 우호적 협력 형태를 발전시킴으로써 이 부담을 완화한다. 둘째, 우리의 협력적 관계를 미리 결정된 사회적 분할 및 위계에 따른 제약에서 벗어나게 하는 것과 관련된 우리의 사회적 이해다. 셋째, 우리가 우리의 자기구성에서 상충되는 요구 조건들을 더 잘 조화시킬 수 있게 하는 환경, 즉 타인들에 나의 존재를 굴복시키지 않고도 타자들과 어울려 살 수 있게 하는 환경을 창출하는 것과 관련된 우리의 도덕적 이해다. 넷째, 우리가 어디에도 굴복하지 않고 더 나은 내부자 및 외부자가 될 수 있도록, 더 잘 참여할 수 있도록 사회

---

21 (원주) William Wordsworth, "The Convention of Cintra" in *The Poet Works of William Wordsworth*, edited by W. J. B. Owen and Jane Worthington Smyser, Oxford University Press, Oxford, 1974, volume 1, page 339.

와 문화를 배열하는 것과 관련된 우리의 지적·정신적인 이해다.

우리가 추구하고 소중히 여겨야 할 개인적·집합적 인간 권력의 확장은 이 네 가지 이해가 조합되어야만 가능하다. 그 주창자와 수혜자는 모두 영웅, 천재, 성인과 같은 엘리트가 아니라 보통 사람들이다.

평등의 이상은 이 같은 사고에서 전제 조건이자 실천적 요구 조건이라는 이중의 역할을 수행한다. 전제 조건으로서의 평등은 우리가 모두 더 위대해질 수 있으며 더 신과 같이 될 수 있음을 의미한다. 인간 내부의 차이는 얕으며 덧없는 것이다. 특정한 국민 또는 계급이 모든 인류에게 가치를 갖는 통찰과 발명, 제도적 장치들을 개척할 수는 있다. 그러나 그 경우, 특수성은 메시지라기보다는 줄거리에 속한다.

실천적 요구 조건으로서의 평등은 특권과 궁핍의 극단을 탈피하는 것을 의미한다. 이는 가족을 통한 경제적·교육적 우열의 세습적 승계가 개인의 삶의 기회를 결정하지 못하게 하는 것이다. 동시에 지적, 물적인 상속기초자산으로 개인들에 귀속되는 편익들에 한도를 부과하는 것을 의미한다. 그렇다면 어느 정도, 그리고 어떤 기준으로 할 것인가? 이는 민주주의 및 신성화의 기획에서 유연성, 기회 제공, 자유로운 실험의 편익에 견주어 특권의 지속이라는 덫에 빠질 위험이―살아가는 환경 속에서―어느 정도인지를 평가하는 것 외에는 달리 측정할 기준이 없다.

그리하여 이에 대한 평가는 모든 행동과 의도를 맥락 속에서 보는 논쟁적이고 역설적인 특징을 가질 수밖에 없다. 생활환경의 경직적 평등 상태를 고수하려 하거나, 최약자에 최대 편익을 주는 제도적 배열을 지도 원리로 채택하는 어떠한 시도도 잘못된 방향이 될 것이다. 그러한 시도는 좌파 프로그램의 핵심에 놓여야 할 노력들을 왜곡시킨다. 이와 달리 우리의 노력은 어떤 것도 당연한 것으로 받아들이지 않으며, 오직 조금씩 그리고 단계적으로 모든 것을 재구축함으로써 보통 사람들을 위대하게 만드는 투쟁이다.

이러한 충동들의 조합이 최대의 의미와 분명함을 얻는 한 가지 영역은, 민주주의를 정의하는 제도적 배열들을 개혁하는 것이다. 민주주의를 제도적으로 재상상하고 재구축하는 것은, 단지 위대함에 기여하는 실험을 위한 또 하나의 구도 형성 작업 정도가 아니다. 그것은 우리가 다른 모든 영역을 재조직할 수 있는 조건들에 너무나도 큰 영향을 미치는 사회적 삶의 영역을 재조직하는 것이다.

고에너지 민주주의를 발전시키는 기획은 좌파가 부국 및 빈국을 위해 옹호해야 할 제안에 공통되게 들어가야 한다. 그것은 가장 일반적인 측면에서 좌파의 두 번째 관념을 형성하는 두 가지 구성 요소, 즉 제도적 실험주의 관행 및 보통 사람들과 그들의 일상 경험에 숨겨진 강렬함에 범위와 장비를 제공함으로써 그것들을 더욱 위대하게 만드는 공약 간의 만남이 어떤 성격을 갖는지를 예증해 준다.

이 관점에서 바라본 민주주의는 민중 자치 및 이 자치와 개인적 권리의 조화에 관한 것만이 아니다. 민주주의는 또한 새로운 것의 영속적 창출에 관한 것이기도 하다. 새로운 것의 영속적 창출을 위한 집단적 관행은 우리가 갖고 있는 가장 기본적인 이해利害들, 즉 실제적 진보를 바라는 우리의 물질적 이해, 계급과 문화로 운명이 결정되는 상황을 전복하는 것에 대한 우리의 사회적 이해, 개인적 자기확신의 모순된 조건들의 조화에 대한 우리의 도덕적 이해, 그리고 굴복 없는 참여에 대한 우리의 정신적 이해가 만나는 지점이다.

다섯 가지 주제가 이러한 민주주의의 제도적 구축뿐만 아니라 민주주의 사상에서 융합된다.

첫 번째 주제는 대중의 정치참여 수준의 강화와 지속, 조직화를 우호적으로 지지하는 제도적 장치를 발전시키는 것이다. 위기가 없는 상황에서 거듭되는 급진적 개혁의 실천에 우호적인, 구조적 내용을 가진 정치는 높은 온도의 정치여야 한다. 민주주의의 대의 및 좌파 프로그램이 풍부한 여지를 가지려면, 높은 온도의 정치는 반제도적이거나 초超제도적이라기보다 제도화되어야 한다. 이를 위해 정치적 장치는 분명한 프로그램을 가진 강력한 정당의 발전을 촉진하는 선거체제를 지원해야 한다. 또한 정당과 조직된 사회운동이 대중매체, 특히 텔레비전과 라디오에 더 자유로이 접근할 수 있도록 보장해야 한다. 그리고 예컨대 정치적 캠페인에 공적 자금을 제공하며, 사적 자원의 사용은 가능한 한 제한함으로써 정치에서 돈의 영향력을 약화시켜야 한다. 특히 민간의 돈으로 소통communication의 시간을 사는 것을 금지해야 한다.

두 번째 주제는 정부 부처 간 교착상태를 신속히 해결하는 쪽으로의 방향 전환과 그 해결을 위한 유권자의 참여다. 요점은 정치의 감속화가 아니라 정치의 신속화를 위한 기계로 입헌정부를 전환시키는 것이다. 이는 미국식 대통령제 아래서 헌법적 장치들이 수행했던 것처럼, 권력분립 정부를 수립했을 때 헌법적 장치들이 특정한 효력을 발휘하게 하는 사안이다. 이를 위해 대중참여 기반 위에서 해당 체제에 교착상태의 신속한 타개 장치를 갖추도록 하는 한편, 규모가 큰 연방주에서 강력한 대통령의 직접 선출이라는 국민투표주의자들의 영향력을 보존하는 수단을 고안하는 것이다. 즉, 두 정치세력이 동의하는 포괄적 프로그램에 대한 국민투표, 그리고 어느 한 정치 분파가 요청하는 조기 선거다. 이런 장치들은 교착상황을 타개하면서, 국내 정치의 온도를 높이는 데에도 도움을 줄 것이다.

권력분립이 없는 순수한 의회 체제는 교착 타개 수단이 필요 없어 보일 수도 있다. 그러나 의회 체제도 권력분립 정부에 따라붙는, 정치 프로그램화된 감속화의 기능적 등가물 때문에 어려움을 겪을 수 있다. 즉, 사회가 매우 불균등하게 조직화될 경우, 실제적인 정책 개발은 강력한 조직적 이해관계 사이에서 엉거주춤한 흥정으로 퇴행할 수 있다. 이를 해결할 방안은 조직화된 정치 동원 수준을 높일 발의들을 내놓는 것이다. 구체적으로는 규모가 큰 사회 부문들을 통해 선진적인 생산 및 학습 관행들을 전파하고, 그 관행들이 고립된 선구자 내부에 묶여 있지 않도록 해야 한다. 이는 타인을 돌보는 보편적 책임성의 기반 위에서 사회적 연대를 확립하는 것이다.

세 번째 주제는 대중이 쉽게 접근할 수 있는 정치적 · 경제적 행동 수단만으로는 그들이 처한 처지에서 벗어날 수가 없기 때문에, 기존의 공고한 우열 생활환경으로부터 대중을 구한다는 결의다. 이 목표는 구제와 차별 철폐 조처라는 두 측면 모두에서 추구되어야 한다.

구제의 측면에서는 전통적인 입법부·행정부·사법부에는 어울리지 않는 과업을 수행할 실제적 자원과 정치적 정당성을 모두 가진 정부 부문(권력분립의 경우)이나 주州의 담당 기관(권력분립이 없는 경우)을 설립해 진전시키는 방법이 있다. 이 부문이나 기관이 수행할 과제는 전제주의의 작은 성이 되어 버린 특수 사회조직과 관행에 개입하여 그것들을 재구축하는 것이다.

차별 철폐 조처 측면에서 기존의 생활환경으로부터 대중을 구한다는 목표는, 기회뿐만 아니라 생활환경의 극단적 불평등에서도 벗어나도록 사회의 경제 여건이 허락하는 한 곧바로 모든 시민에게 기초자산 몫$_{stake}$을 보장하는 방식으로 실현되어야 한다. 불평등을 완화시키는 방식이 이러한 최저 몫이 보장된 최저소득 형태가 될지, 아니면 보장된 사회적 상속 형태가 될지는 환경과 실험의 문제이다. 사회적 상속 방법은 개인이 각자 생애 전환기에 인출할 수 있는, 현금 전환 가능 자산으로 구성된 사회자산계좌이다. 이 최저보장상속은 그 성과에 대한 특별보수와 입증된 핸디캡에 대한 특별보상이라는 두 가지 상쇄 기준에 따라 상향 변화할 것이다.

계급 특권의 힘이 약화되면, 사회는 천부 재능의 불평등에 따른 우위가 과도하게 강화되지 않게 조치를 취해야 한다. 그렇다고 독단적인 공식을 적용해서는 안 된다. 그보다는 수월성의 인정 범위라든가, 특정 수월성에 대한 보상이 사회에 편익을 낳을 수 있는 실제적 이유들을 정밀히 조사하여 풍부하게 만들어야 한다(그러한 수월성의 표시가 즐거움과 권력 모두의 원천일 수 있으나 그 이상은 아님을 기억하자). 기존의 기초자산 불평등이 보상 불평등으로 더욱 악화되는 폐해가 발생할 경우를 염두에 두어야 한다. 정밀히 조사해서 보상을 차별화하는 이유를 제시해야 한다.

괴테가 말하기를 "다른 사람의 우월한 재능을 상대로 한 방어는 없다. 다만, 사랑이라는 것이 있다"고 했다. 냉담한 바깥 사회의 삶에서 사랑에 가장 가까운 등가물이란, 타인들의 경험을 상상할 수 있는 인내심 있는 능력의 계발에 고무 받아서 타인을 돌보는 책임성을 갖게 하는 실제적인 조직이다. 그러한 능력을 깨우쳐 주고 고취하는 것은 민주주의 하에서 교육의 가장 중요한 관심사 중 하나여야 한다.

네 번째 주제는 특정 장소와 부문에서 실험적 이탈 기회를 확대하는 공약이다. 국내 정치에서 결정적 선택을 할 능력이 강화되는 것과, 특정 장소나 부문이 그 선택에서 이탈하는 방향으로 나아가는 역량이 높아지는 것 사이에는 단순한 역의 관계가 성립하지 않는다. 그러나 국민국가 내 부문들 간의 관계를 구조화하는 제도적 배열들을 갱신할 수만 있다면, 우리는 양자 이상을 가질 수 있다. 사회가 일정 경로를 따라 나아가면서 잠정적으로 선택한 미래와 강력히 대비되는 발전을 장려하는 것은 일반적으로 이익을 가져온다. 그것은 위험에 대비하는 길이다.

이를 위해 우리는 모든 부문과 지역이 실험적 변이에서 동일한, 일정한 권력을 가져야 한다는 편견에서 벗어나야 한다. 특정 장소나 부문에서 강력하고 광범한 지원이 일반 법체제의 일부 측면에서 벗어나 완전히 다른 무언가를 시도하기 위해 필요하다면, 설사 그 실험이 집단 전체에 비용을 지운다 해도 그 지원은 허용되어야 한다. 벗어나려는 자유가 이후 국내 정치에서의 평가와 확정에 달려 있는 한, 그리고 그 자유가 실효성 있는 도전에 강력하게 반대해 새로운 배제와 불이익을 구축하는 데 사용되지는 않는 한, 그것은 허용되어야 한다.

다섯 번째 주제는 규모가 가장 큰 주에서도 대의제와 직접민주주의의 특징들을 더 결합시키려 노력해야 한다는 것이다. 직접민주주의로 대의민주주의를 대체하자는 것은 아니다. 하지만 직접민주주의는 대의민주주의를 풍부하게 한다. 이 다섯 번째 주제는 조직화된 정치적 동원을 고양시키는 것과 관련된 첫 번째 주제를 강화시킨다. 더 나아가, 이 결합은 좌파가 모든 사회생활 부분에서 북돋워야 할 주체의 경험을 증진시킨다.

대의제와 직접민주주의의 결합은 다음과 같은 방식으로 촉진될 수 있다. 지방정부의 구조 바깥에서 지역공동체가 직접 지역정책의 입안과 집행에 개입하는 방식이 있다(예컨대, 근린 결사체 시스템을 통해). 또, 기업 조직과 계약 및 재산 체제 그리고 자본이 배분되고 수익을 얻는 조건 등에 허용되는 실험적 변이의 평가 기준을 놓고 전국 및 지방 차원의 결정을 할 때 조직적으로 대중이 참여하는 것이다. 그리고 전국 차원으로 논쟁이 확대되어 간혹 포괄적 프로그램이 제안되면 이를 두고 국민투표를 하는 방식이 있다.

이상의 다섯 가지 열망으로 특징지어지는 고에너지 민주주의는 단순히 일단의 이데올로그들이 국민들을 설득한다고 해서 출현하는 것이 아니다. 사회적·경제적 변혁은 대중들이 그러한 민주주의의 필요성을 이해할 때 비로소 가능해진다. 현재 누리고 있는 것보다 훨씬 더 많은 역량 신장과 기회를 대중 스스로가 원해야 한다. 기존 정치제도의 속박 안에 갇힐 수 없음을 대중이 자각해야 한다. 대중이 극단적인 기회의 불평등으로 고통받고 있고, 수입되거나 물려받은 제도의 무게에 짓눌린 미숙한 국가들에서 고에너지 민주정치가 가장 필요하다는 점은 반론의 여지가 없다. 더 원대한 보통 남녀의 삶이란, 대중이 원해야 하고 거기서는 현재의 자신이 부정되어야 함을 깨달아야 이룰 수 있다.

제12장

타산적 호소와 예언적 호소

지금까지 말한 대안들이 진전되면 세계적 혁명으로 나아갈 것이다. 그렇지만 이 혁명은 우리에게 익숙한, 갑작스럽고 폭력적이고 총체적 변화를 가져오는 19~20세기식 혁명은 아닐 것이다. 전환은 점진적이고 조금씩, 대체로 평화적으로 이루어질 것이다. 그럼에도 불구하고 그 전환은 몇 가지 점에서 혁명적일 것이다. 그것은 지금 우리가 그 아래 살고 있는, 대안이 없다는 독재를 뒤엎을 것이다. 우리의 가장 생생한 집단적 운명 경험인 사회의 실제적 조직화로 나아가는 제도적 배치의 제한적 레퍼토리가 가진 한계들을 깨뜨리면서 그렇게 할 것이다. 모든 혁명적 변화가 그러하듯이, 그것은 정치적이고 종교적인 전환과 결합될 것이다. 즉, 그 전환은 우리가 사는 제도에 일어날 변화임과 동시에 제도에 체현된 인류에 관한 사고에 일어날 변화이다. 우리가 앞으로 이어받아야 할 가장 중요한 표지판은 우리가 가져올 변화가 위기에 의존하는 정도를 줄여야 한다는 것이다.

우리는 혁명적 대안의 실체를 인식하는 데 어려움을 겪는데, 이는 방향을 청사진으로 잘못 오해하는 데서 오는 직접적 결과다. 잘못된 딜레마는 프로그램적 사고를 마비시킨다. 현재의 삶의 방식과 거리가 있는 제안은 흥미롭긴 하나 유토피아적이라고 비웃음을 산다. 기존 관행에 근접한 제안은 실현할 수는 있으나 하찮은 것으로 기각된다. 구조적 전환에 대한 신뢰할 만한 사고가 부재하면, 정치적 현실주의라는 가짜 기준—현존하는 것에 대한 근접성—에 의존하게 된다. 그래서 프로그램적 방식에 따른 주장이 정말 어떤 것인지, 그 방향 및 나아가야 할 다음 단계의 비전을 알아볼 수가 없다. 관행 및 제도적 배치들을 실제로 변화시키거나 상상 속에서 그것들을 재고했을 때, 비로소 우리는 우리 자신의 이해利害 및 이상에 대한 이해 방식도 수정하게 된다. 이 같은 상향식 및 상승식 사고는 독단 속에서 모호함을, 제약 속에서 기회를 드러낸다.

사회적 대안에 대한 우리의 관념은 사회사상에, 지난 200년 동안 천천히 썩어 가는 송장 같은 진화론적인 거대서사에 사로잡혀 있다. 그 거대서사는 불가분의, 한 덩어리의 바위 같은 시스템들이 불가항력의 법칙에 따라 연달아 이어진다는 이제는 믿을 수 없는 관념으로 되어 있다. 이 서사에 이어 동시대 사회과학과 인문학에서 확립된 합리화하고, 인간화하고, 현실을 도피하는 사고방식이 뒤따랐다. 이러한 사고 경향은 우리가 프로그램적으로 사고할 수 있는 기반을 부정하게 만들었다. 이론에서 일어날 변혁으로 그러한 기반이 제공될 것이라 기다려서는 안 될 일이다. 우리는 다음 단계들을 정의하고 실행하려는 노력 속에서 나아가고 그러면서 건설해야 한다.

이와 같은 일련의 제안들은 전진을 서두르기 위함이다. 오늘의 사회가 조직되는 방식뿐만 아니라 현재 우리 이해력으로 자신 있게 말할 수 있는 것에 대해 전진을 서두르는 것이다. 그러려면 구별되는 두 가지 유형의 호소로부터 에너지와 권위를 이끌어 내야 한다. 하나는 타산적인 호소이고, 다른 하나는 비전의 호소이다.

타산적 호소란 인정 받는 계급적 이해 및 국가적 이해에 호소하는 것이다. 이와 관련된 가장 강력한 두 가지 이해관계는 전통적 형태의 소기업 또는 전문적인 독립성과 종종 동일시되는 적당한 경제적 번영과 독립성의 조건을 획득하려는 프티부르주아적 요구와, 일반적으로 국가주권과 동일시되는 국가적 구별짓기를 지지하고 발전시키려는 보편적 욕망이다. 부국이든 빈국이든 현재까지 그들을 지지해 온 수단으로 기능해 온 제도와 관행을 변화시키지 않고서는 이 두 가지 이해를 실현할 수 없다. 그리고 이 지지 수단을 개조하려면 이러한 이해관계에 대한 인식을 바꾸지 않으면 안 된다.

예언적 호소란 아직 실현되지 않은 인간적 기회의 비전에 호소하는 것이다. 누군가 지어내야 하는 예언이 아니다. 예언적 호소는 이미 전 세계가 받아들인 낭만주의적 대중문화에서 표현되고 있다. 오늘날 소비되는 대중문화의 줄거리는 고품격 낭만주의 서구문화 테마의 감성적이고 공식적인 변종으로서, 유럽소설만큼 이를 완벽하고도 분명하게 표현한 것은 없다. 소설 속 주인공들은 자신의 사회적 운명과 싸움으로써 자신들을 발견하고 계발한다. 그래서 그러한 상황을 변화시킬 수 없을 때조차 자기 자신을 변화시키는 데 성공한다. 그들의 내부에는 무한성이 살아 숨쉰다. 그들은 더 원대한 삶으로 발돋움한다. 결국 그들은 그렇게 평범하지 않다. 애초에 생각했던 불운한 꼭두각시가 아니다.

한 가지 방향으로 보면 이 예언은 소비와 물질적 풍부함, 즉 물질에 대한 욕망에 대해 언급하고 있다. 프랭클린 루스벨트는 자신이 모든 러시아 아이들 수중에 한 권의 책을 갖다 놓을 수 있다면 그것은 시어스 로벅Sears Roebuck 카탈로그라고 말한 바 있다.[22] 만약 물질을 축적하는 것이 사람들을 연결시키는 것에 대한 대안이 될 수 있다면, 물질적으로 더 높은 삶의 기준이 제공하는 기회가 더 광범위한 인간 권력 및 가능성의 실험으로 가는 역할을 할 수도 있다.

또 다른 방향으로 보면, 이 예언적 호소는 더 숭고한 희망을 들려주고 있다. 그 희망이란 이런 것들이다. 사회가 보통 남녀의 건설적 기풍을 인정하고 향상시키리라는 희망이다. 그 결과, 겉으로 보기에는 다루기 힘든 문제들이 굽히지 않는 독창력으로 하나씩 풀릴 것이라는 희망이다. 사회 및 문화의 개혁이 자기계발과 협력을 위한 우리의 노력을 통해 굳어 버린 사회계층 및 분열 체계의 악령을 몰아낼 것이라는 희망이다. 어느 누구도 타인에 대한 종속과 고립 사이에서 선택할 필요가 없고, 자신의 관점에서 특정 세계에 참여하는 것과 우리를 위한 판단 및 저항의 최종적 발언을 하는 것 사이에서 선택할 필요 없

---

22 시어스 로벅 카탈로그는 미국(시골)에 사는 사람들이 필요로 하는 저렴하고 매우 다양한 제품들을 담고 있었다. 이러한 제품들은 우편과 철도를 통해 배달되었다. 이 카탈로그에는 그 당시 현재의 아마존처럼 각 가정과 사업장이 필요로 하는 거의 모든 것이 담겨 있었다.

어지리라는 희망이다.

이러한 희망의 토대는 우리 자신에 대한 생각이다. 다름 아니라 우리 자신이 구축해 거주하고 있는 그 어떠한 특수한 사회 및 문화 세계보다 우리 자신이 더 위대하다는 것이다. 그 세계들은 우리에 비하면 유한하며, 우리는 그 세계들에 비하면 무한하다는 것이다. 그 세계들에 존재할 수 있는 어떤 것보다 우리 자신에, 집단적인 우리뿐만 아니라 우리 각각의 개인들에게 항상 더 많은 것이 존재한다.

어떤 사회질서도 인간 정신이 이해하는바 확정적인 안식처를 제공하지 못한다. 그러나 어떤 질서가, 우리가 서로 접근하기 위해 치러야만 하는 종속의 대가를 줄여 준다면, 다른 질서보다 더 나을 것이다. 하나의 질서가 자체의 수정 기회를 배중시키고, 그리하여 내부에서 자신의 관점에서 행동하는 것과 외부에서 외부의 관점으로 그것을 판단하는 것 사이의 차이를 줄인다면, 그 질서가 다른 질서보다 더 나을 것이다. 하나의 질서가 반복되는 쪽에서 반복되지 않는 쪽, 새로운 것을 영속적으로 창출하는 쪽으로 우리 삶의 초점을 이동시켜 준다면 그것이 다른 질서보다 나은 질서이다. 사회의 인간화가 아닌 인류의 신성화가 바로 이 예언의 메시지다.

만약 그 메시지가 사회의 원동력과 단절되어 있고, 다음 단계 조치에 관한 아이디어를 담고 있지 않다면, 그것은 불가사의하고 무기력한 메시지다. 반면에 그러한 연결 및 아이디어를 지닌 메시지라면 그 전복적 · 재구성적 능력은 거의 불가항력적인 것이 된다.

구원이라는 이름으로 참혹한 억압의 기록을 남긴 20세기의 이데올로기적·제도적 모험을 거친 이후이므로 사회를 재구성하자는 제안에 대해 많은 인류가 경계의 눈초리로 바라볼 수 있다. 그래서 구^舊권리를 방어하거나 새로운 이익을 다투는 부분에서 조그만 승리를 얻는 것을 더 선호할 수 있다. 실제로 지배적 이해관계와 사고 규율은 현실주의로 가장한 회의론과 손잡고서 전 세계에 걸쳐 폐쇄의 벽 같은 것을 만들어 내고 있다.

그러나 이데올로기적·제도적 경쟁이 종말이 이르렀다는 감각은 상상력의 결핍이 낳은 착각이다. 세계의 상호의존성은 예정된 경로를 벗어나는 길에 장애물을 설치해 놓음과 동시에 재구성의 기회도 열어 놓았다. 비록 흠결이 있더라도 대안을 담은 강력한 메시지의 담지자로 간주된 국가적 실험은, 어떤 것이든지 눈부실 정도로 빠르게 그 의미가 전 세계에 울려 퍼질 수 있다. 불가능해 보이던 도전 행위가 실천되고 나면 불가피한 것으로 보일 것이다.

지난 200년 이상 보통 남녀가 자신들의 삶을 고양시킬 수 있는, 단지 더 부유하고 자유로워질 뿐만 아니라 더 위대해질 수 있는 능력에 대한 비전은 국가·계급·이데올로기들의 야만적 경쟁에 그리고 온 세상을 불태울 것 같은 우리의 기계적·조직적 발명을 확장하는 힘에 힘을 보태 왔다. 그래서 익숙치 않은 모습으로 작열하는 빛을 알아보지 못하는 우리의 회의적인 눈에는, 그 불꽃은 거의 꺼져 버렸거나 반작용이나 테러 혹은 환상 같은 것으로만 비칠 수 있다. 그럼에도 불구하고 그 불꽃은 더 거대한 빛을 발하면서 다시 타오를 것이다. 우리의 사상과 행동이 어떤 목적을 향해 나아갈지를 결정해야 할 때다.

독일어판 서문

　이 책은 좌파의 역사적 프로그램을 진척시키는 일련의 후속 단계를 통해 세상 및 세상을 구성하는 각 부분들을 지금 당장 변화시키자고 하는 제안이다. 이 책은 프로그램 자체를 재창조함으로써 세상을 진척시키자고 말한다. 이 논변은 세계 전체를 상대로 하지만, 특히 유럽과 독일에 특별한 의미가 있다.

　대부분의 인류의 눈에는 유럽의 사회민주주의가 미국에 의해 대변되는 사회적 · 경제적 삶의 모델을 대체할 대안으로 보였다. 유럽 본고장에서는 그 고유한 내용이 점점 사라지고 있음에도, 이 대안은 계속해서 지대한 흡인력을 발산하고 있다. 유럽 국가들이 전 세계를 상대로 미국과는 다른 길의 이미지를 계속해서 구체화했다는 것은 유럽뿐만 아니라 인류 전체의 관심사이다. 그런데 지금 그들이 이 과제를 중단하고 있다.

　유럽의 사회민주주의는 좋은 것과 나쁜 것을 가리지 않고 그 고유한 색깔을 하나씩 포기하면서, 마침내 수준 높은 사회적 권리의 마지막 보루까지 뒷걸음질쳤다. 이 후퇴를 지휘한 이데올로그들은 이를 유럽식 사회 보호와 미국식 경제 유연성의 종합으로 위장하려 든다.

지금 유럽에는 두 개의 좌파가 있다. 하나는 이러한 퇴보를 깨끗이 또는 체념한 채 받아들인다. 다른 좌파는 퇴보를 되돌리려는 희망은 거의 없이 단지 그 속도만 늦추려 하고 있다. 이 두 입장은 서로 대립하지만, 값비싼 대가를 치르며 좌파의 역사적 열망을 불필요하게 퇴보시키고 있다는 점에서는 공범이다. 유럽은 다른 좌파를 필요로 한다.

새로운 좌파는 20세기를 거치며 사회민주주의를 정의하게 된 제도적·이념적 타결의 한계선 안에서는 그 목적을 달성할 수 없는 좌파이다. 이 타결의 핵심은, 사회적 권리와 재분배 정책을 통해 불평등과 불안정을 완화시키는 강력한 힘과 정치 및 생산의 재구성을 포기하는 것을 맞바꾸는 것이었다. 그러나 이제 유럽의 사민주의는 이러한 타협의 한계 안에서는 풀 수 없는 문제들에 직면했다.

새로운 좌파는 경제성장과 사회적 포용 모두를 선진적인 생산 관행 및 생산 부문에 대한 더 폭넓은 접근에 기반하여 전진시켜야 한다. 이러한 폭넓은 접근 없이는, 경제성장과 사회적 포용 모두 계속해서 보상적 수단에 안주해야 한다. 보상적 수단은 각 국민경제에서 선진 부문과 후진 부문 간의 분열에서 비롯되는 심각한 불평등 및 배제를 해소할 충분한 해법을 제공하지 못한다.

인민이 나서서 가족의 경계를 넘어 서로를 돌보는 실질적 책임에 기초하여 사회적 연대를 구축할 필요가 있다. 그러한 직접적인 연결 고리 없이는, 사회적 연대는 화폐소득 이전이라는 부적절한 연계에 계속 의존할 수밖에 없다.

보통 남녀가 더 원대한 삶을 살 수 있도록 더 나은 기회를 제공해야 하며, 그들이 "보잘것없는 긴 삶"을 넘어 고양된 삶을 살기 위해 전쟁과 같은 끔직한 수단을 필요로 하지 않아야 한다. 그러한 기회를 갖지 못하면, 평화는 계속해서 마비되고 요원해질 것이다.

기존 제도의 틀 안에서 착수될 수 있었던 유럽식 사회민주주의의 수행 작업 부분조차도 이러한 한계 안에서는 완성될 수가 없다. 유럽 좌파가 해야 할 두 가지 시도는 지금 당장 실행해야 할 것과 그 다음 단계에서 해야 할 것(앞서 열거한 문제들을 다루기 위한 노력) 사이를 잇는 가교 역할을 할 것이다.

첫 번째 가교는 경제정책 방향의 재설정이다. 과거에는 어땠는지 몰라도 속류 케인스주의는 오늘날 유럽의 국가재정을 지배하는 사이비 신념에 대한 답이 아니다. 경제 재건과 경제적 기회와 관련해 유럽이 안고 있는 문제는 단순히 경기부양책으로는 해결될 수 없다. 그렇다고 자본시장의 이해와 변덕에 비위를 맞추기 위해 유럽이 반복적으로 해 왔던 것처럼, 재정적 현실주의를 달성하겠다고 희생을 요구해서도 안 된다. 방법은 금융제도 자체를 변경하여 재정적 희생과 통화 억제로 좁아진 정부의 운신 폭을 확대하는 것이다. 예를 들어, 연금과 보험, 은행에 축적된 사회저축의 일부를 동원하여 분권적이고 경쟁적인 시장원리 위에서 운영되는 공적 벤처캐피탈을 창설하는 방법이 있다. 그리하여 이 공적 벤처캐피탈이 신생 기업에 투자하고, 노동자 및 기업가 그룹이 신생 기업을 창업하거나 창업한 기업을 발전시키는 기술적·금융적 수단을 제공하도록 해야 한다.

좌파가 지금 당장 착수해야 할 일과 그 다음에 해야 일을 잇는 두 번째 가교는 교육과 보건, 복지 서비스 제공 방식의 근본적 개혁이다. 유럽인들은 정부 관료가 주도하는 낮은 품질의 표준화된 서비스의 대량 공급과, 이윤 동기가 지배하는 공공서비스의 사유화 간의 양자택일을 거부해야 한다. 시민사회가 새로운 그룹과 기업들이 대안적 사회서비스 형태를 제공하는 실험에 참여할 수 있도록, 시민사회를 훈련시키고 시설을 갖추게 하며 재정 지원을 하는 것이 정부 역할의 한 부분이 되어야 한다. 정부는 이러한 서비스 제공자들을 모니터링하고 그들이 실패하거나 지원을 악용하지 못하도록 막는 한편, 공공서비스의 제공에서 새롭고 어려운 부분들을 실험해야 한다. 정부가 직접 실행할 경우에는 서비스의 질을 최저선이 아니라 최고선에 맞추어야 한다. 이러한 접근법은 공공서비스의 제공에서 혁명적이어야 한다.

유럽식 사회민주주의의 역사적 틀 안에서 달성될 수 있는 것과 이미 그 경계 밖에서 시작된 것을 아울러, 이 모든 기획을 통합하는 것은 방법과 비전 모두에서 일어나야 할 변동이다. 방법에서의 변동은 부유한 북대서양 세계에서 대의민주주의와 시장경제 그리고 자유로운 시민사회를 정의한 현 제도 틀의 레퍼토리를 새롭게 더 확장하도록 노력하는 것이다. 비전에서의 변동은 사람들을 단순히 보호하기보다는 그들을 일으켜 세우는 데 초점을 두는 것이다.

유럽을 재창조할 이 프로그램은 쉼 없는 건설적 에너지에 호소해야 한다. 유럽 사회민주주의의 가장 큰 역사적 성취였던 보통 시민과 노동자에게 제공한 사회적 보호 목록은, 역량 신장과 해방을 추구하는 기획 속에 편입되어야 한다.

유럽 사회민주주의는 사민주의를 형성한 타협 안에서는 이러한 과업을 달성할 수가 없다. 실행해야 할 과업은 지난날의 타결이 포기했던 바를 요구하고 있다. 경제의 재조직화와, 궁극적으로 정치적 삶의 재조직화가 바로 그것이다. 구호slogan만으로는 충분하지 않다. 관건은 재건이다.

더구나, 이 기획의 진전은 지금까지 유럽연합의 발전을 지배해 온 원칙의 반전을 함축한다. 그 지배적 원칙에 따르면, 사회 및 경제조직과 관련된 모든 것은 점차 브뤼셀에 집중되고, 개인의 경제적·교육적 자산과 관련된 모든 것은 회원국가 또는 지역공동체의 특권으로 남게 된다.

유럽에서 또 다른 좌파 프로그램이 진전되려면, 이 원칙은 반대로 바뀌어야 한다. 즉, 유럽연합 정부의 일차적인 책임은 모든 시민의 자존감을 높여 삶의 주도권을 발휘할 역량을 강화하는 데 필요한 경제적·교육적 자산을 보장하는 것이 되어야 한다. 그에 반해, 유럽연합 산하 국민국가와 그 하부 수준에서는 사회와 경제조직 형태를 실험할 최대한의 자유를 가져야 한다.

현재 유럽에 존재하는 두 개의 좌파는 어느 쪽도 이 과제를 감당할 수 없다. 이 과제는 그들의 신념, 태도 및 경험의 범위 밖에 있기 때문이다. 유럽은 또 다른 좌파를 창조해야 한다. 지난날 대안에 대한 19세기적 편견은 하나의 시스템('자본주의')을 다른 시스템('사회주의')으로 갑작스럽고 혁명적으로 대체하는 것이었지만, 새로운 좌파는 이런 편견에서 해방된 명확한 대안의 아이디어를 가져야 한다. 진실은, 과거의 혁명적 대체의 환상이 그 반대물을 위한 알리바이가 되었다는 것이다. 실제의 변화가 총체적 변화이고 총체적 변화에는 접근할 수 없거나 위험하다면, 우리가 할 수 있는 일이란 더 이상 다시 상상하거나 개조할 줄 모르는 세계를 교화하는 것뿐이다.

또 다른 좌파를 옹호할 잠재적인 지지 기반도 존재한다. 새로운 좌파는 프티부르주아든 빈자든 고전적 사민주의 타결의 외부에 있는 사람들과, 유럽 사민주의에 역사적 기반을 제공했거나 조직되었다가 약화된 이해관계들을 결집시켜야 한다. 또한, 19세기와 20세기 초 전략과 강령 측면에서 유럽 좌파가 저지른 최대의 과오를 만회해야 한다. 프티부르주아를 적으로 삼은 과오 말이다.

오늘날 다른 대부분의 세계에서처럼, 유럽에서도 대부분의 남녀들은 전통적으로 프티부르주아와 연관되어 있는 적당한 번영과 독립에 대한 갈망을 키우고 있다. 좌파의 임무는 그들과 싸우거나 그들의 열망을 부정하는 것이 아니라, 소규모 소유와 가족이기주의의 전통적 형태에 협소하게 의존하지 않도록 그 열망을 구해 내는 제도적 구도와 아이디어를 갖도록 돕는 일이다.

유럽 좌파가 이러한 지지층을 구축하는 것은 어렵지만 필수적인 통과점이다. 이는 계급이해가 갖고 있는 냉정한 타산성을 해결해야 하는, 아직 실현되지 못한 가능성에 대한 비전을 요구한다. 이는 현재 유럽에서 번지고 있는 경제적 불안에 관한 고뇌가, 모두가 손실을 볼 내부자와 외부자 간의 갈등으로 퇴보하는 것을 용인하지 않도록 요구한다.

이러한 변화를 수행하는 데에는 다른 모든 것을 덮어 버리는 하나의 어려움이 존재한다. 좌파에게 가장 큰 영향력을 행사했던 지적인 전통을 포함하여 현대의 사회사상은 전환을 위한 기회를 제공하기 위해, 역사에 내재되어 있다고 상정되는 선택의 여지 없는 운명으로서 발전과 전환의 논리에 의존하였다. 사회와 역사에 관한 마르크스의 이론은 이 논리의 가장 중요한 사례일 뿐이다. 그러나 이러한 사고는 잘못된 것이었다. 거대한 변화를 낳은 가장 강력하고 직접적인 동기는 주로 경제적 붕괴나 전쟁 같은 외부적 트라우마였다. 이 진실이 유럽보다 더 명백한 곳은 지구상에 없다.

이 책에서 제안하려는 방향은 변화가 위기에 덜 의존하게 하는 것을 한 가지 주된 목적으로 가지고 있다. 문제는 이러한 목표를 추진할 제도적이고 이념적인 혁신을 외부적 트라우마의 도움 없이 그 자체로서 가져오기가 어렵다는 점이다. 경제적 불안에 관한 공포의 확산은, 과거 유럽에 고통을 주며 전환을 가져왔던 끔찍한 사건을 대신하기에 충분하지 않을 수 있다.

이러한 이유로 탈脫환상의 정치에서는 이해관계의 타산만으로는 충분하지 않다. 정치를 활성화시키는 것이 필요하다. 지속적인 대중 동원의 수준을 높이고, 이해의 언어와 비전의 언어를 결합시켜야 한다. 유럽의 모든 이가 이러한 작업을 수행하는 방법을 망각한 것은 아니다. 우파는 공포를 활용하여 그렇게 하는 방법을 알고 있음을 되풀이해서 보여 주었다. 좌파가 희망을 활용하여 그렇게 하기란 더 어려울 것이다. 그러나 좌파가 과업을 수행해야 한다면, 이것이야말로 바로 좌파가 해야 할 일이다.

이러한 관점에서 유럽 좌파의 방향 재설정 문제를 제시하는 것은 곧 정당정치 영역을 넘어서는 것이다. 이는 단지 제도와 선입견에 대한 쟁투만은 아니다. 이는 또한 인간성과 경험을 둘러싼 투쟁이기도 하다. 그러므로 정치의 모든 분야뿐만 아니라 문화 및 사회 생활의 모든 영역에서도 수행되어야 한다.

고전적 자유주의 철학의 신조는 공적 생활에서 옳은 것the right과 좋은 것the good 사이의 확실한 구분이다. 이 관념에 따르면, 자유사회의 법적 질서는 좋은 삶을 두고 갈등하는 견해들 사이에서 최대한 중립적으로 만들어져야 한다. 그러나 이는 틀린 생각이다. 사회생활에서 제도와 실천을 통한 어떠한 질서의 형성도 경험 형태들 사이에서 중립적일 수 없다. 모든 질서 형성은 어떤 경험 형태를 장려하고 다른 경험들을 억제시킨다. 중립의 환상은 현 체제 하에서 구축된 이해관계와 신념에 봉사한다. 그리고 이는 질서는 중립적이어야 한다는 위험한 환상만큼이나, 진실한 것과 생명력 있는 것을 저지한다. 즉, 민주주의와 시장 그리고 자유로운 시민사회를 정의하는 제도적 타협의 재구성을 포함하여 생소한 경험과 발명, 저항과 재구성에 대한 개방성을 가로막는다.

톨스토이의《전쟁과 평화》의 시작 부분에서, 피에르 베주호프Pierre Bezuhov는 하늘을 쳐다보며 헬리 혜성을 본다. 그것은 몽롱하게 걸어 다니는 무의식적인 생활의 일과로부터 사람들을 깨어나게 하는 나폴레옹 침범의 전조, 그리고 침범에 따른 폭풍의 전조이다. 혜성의 도래 사이에 있는 하나의 긴 간격 동안에, 좋을 때 뿐만 아니라 나쁠 때에도, 우리의 생명이 지게 될 때 무슨 일이 일어나는가?

우리 모두는 혜성을 부르는 욕망에 맞서 반역을 일으켜야 한다. 유럽인과 유럽의 자기전환 대리인으로서, 유럽의 좌파에게는 그 의미가 명확하다. 좌파는 평화 시에는 인간성의 초점이 흐릿해지고, 전쟁 시에는 야만성의 시야가 확대되는 둘 사이의 양자택일을 거절해야 한다. 좌파는 기존의 사회적·문화적 질서 안에서 일어나는 통상적 움직임과 기존 질서의 일부를 바꾸는 비상한 움직임 간의 거리를 좁히는 것을 모든 사회 및 문화 영역의 원칙으로 삼아야 한다. 좌파는 지도자와 파국의 결합에 의해 사회적 삶의 재구성 속으로 인도되거나 잘못 인도되는 다수 대중의 동원정치, 그리고 거래와 환멸의 탈동원정치라는 두가지 역사적 범주를 벗어나는 정치를 발전시켜야만 한다. 좌파는 대의민주주의와 직접민주주의의 특징을 결합시킴으로써 민주정치를 심화시켜야 한다. 좌파는 인간과 생각, 사물을 결합시키는 자유—이는 시장경제의 중심적 약속이다—를 급진화시켜야 한다. 그리하여 그 자유를 시장경제가 무엇인지를 정의하는 제도를 재창조하는 자유로 변환시켜야 한다. 무엇보다도 먼저, 좌파는 통상적인 삶이 결국에는 통상적이지 않게 되는 수단을 갖추도록 모색하여야 한다.

이 책은 또한 독일과 그 미래에 대해 말하고자 한다. 지도자와 사상가들이 나라의 협소한 비전과 장래를 고집하고 실천하는 나라에서, 이 책은 그 확대된 가능성에 대한 비전을 주장하고자 한다.

독일에서 전환을 가져올 수 있는 재통합의 기회가 사라진 지 얼마지나지 않았다. 그 사건은 동방과의 재회를 통해 서방을 재구성할 수 있는 기회였다. 그러나 이는 결국 나라의 일부 엘리트들이 다른 부분 사람들을 사서 굴복시키고 복종시키는 사례가 되고 말았다.

독일 역사에 이 불행하고 의미심장한 사건이 여러 해에 걸쳐 일어나는 동안, 독일의 지식계층은 독일을 배반하였다. 물론 그들이 재통일 과정에서 독일을 배반하는 행동을 한 것은 아니다. 당시 많은 사람들이 더 나은 무언가를 위해 싸웠다. 하지만 독일 지식인들은 독일을 위한 다른 미래를, 국가의, 유럽의 그리고 세계의 현실과 양립 가능한 다른 미래를 제안하지 못한 실패를 저질러 독일을 배반하였다.

좌파와 중도좌파 정당 안팎에서 독일의 좌파는 내가 앞서 유럽 전체에 대해 언급하면서 설명한 선을 따라 분할되어 있다. 그런데 이 나라에서 가장 영향력 있는 일부 정치사상가와 철학자들은 오래전에 새로운 굴복을 위장하기를 멈춘 이념적 전투용어를 사용하면서, 영미식 자유주의 그리고 마르크스-헤겔적 용어로 누그러지고 위축된 사회민주주의를 장려하는 습관을 오랜 기간 습득하였다.

그렇다고 독일이 세계에 대안이 없다는 독재에 고개를 숙인 채 멈춰 있을 필요는 없다. 독일 경제의 조직 안에, 그 사회의 구조 안에, 그 문화의 특성 안에 이 책에서 제시한 제안과 특별히 관련된 국민적 삶의 특징들이 존재한다.

독일 경제 생명력의 핵심은 독일 노동력의 극히 일부만을 고용한 일부 거대기업이 아니다. 그 생명력은 수많은 중소기업 속에, 이 분권화된 생산활동 주위에서 솟아오르는 방대한 주변부 하도급과 서비스에, 이 경제를 지탱하는 전래되는 장인노동 전통에, 아직은 완전히 상실되지 않은 규율과 자기희생의 습속 속에, 그리고 많은 부분에서 질 낮은 교육에도 불구하고 계속 국가를 이롭게 하는 지식과 숙련의 깊이 속에 있다.

문제는 다음과 같다. 독일은 이러한 역사적 유산을 어떻게 이용할 것인가? 사양화되고 있는 대량생산 산업의 미래에 묶여 있을 것인가, 아니면 차례로 기계에 구현되는 공식으로 표현되는바 경제적 선진화의 중심이 된 실험주의적 실행(이는 협력과 경쟁의 혼합, 경직된 전문화의 약화, 생산의 항구적 혁신으로의 개조, 반복해 익힌 작업을 아직 반복할 수 없는 활동들에 시간과 정력을 들여 옮기는 데 활용하는 일 등을 포함한다) 모델로 운명을 재창조할 것인가? 독일의 장점과 기회를 경제의 다른 부분들과 미약하게 연계된 별개의 전위 부문에 가둔 채 그대로 둘 것인가?

독일인들은 그들의 경제뿐만 아니라 정치에서 경제질서를 재구성하고 정부와 사기업이 상호 관계할 방식을 재구성하지 않고서는 이러한 물음들에 긍정적인 답을 줄 수 없다. 정부의 기업에 대한 거리 두기식 규제, 그리고 전통적인 사유재산 및 계약 체제는 경제에 대한 정부의 지시와 시장 억압만큼이나 이러한 목적을 달성하는 데 충분하지 않다. 다른 나라에서도 그러하듯, 독일의 좌파 역시 사후적 재분배로 시장경제가 낳는 불평등과 불안정을 규제하거나 보상하기보다는, 더 많은 사람들이 더 많은 방법으로 경제적 기회에 더 잘 접근할 수 있도록 시장경제를 재구성할 길을 제안해야 한다.

세계 모든 나라에서 대부분의 사람들이 거대 조직의 바깥에서 일한다. 일부 나라, 특히 스칸디나비아의 사회민주주의에서는 정치경제적 삶의 구도상 국가의 감시 감독 아래 거대한 노동과 기업조직의 이해가 그 구성원뿐만 아니라 조직화되지 않은 부문들의 이해관계도 대표하도록 하는, 절반쯤 신뢰할 만한 일을 하도록 허용하고 있다. 그렇지만 다른 대부분의 나라들은 거대 조직의 타성에 뭔가 다른 구석이 있을 거라고는 아무도 생각하지 않는다. 거대 조직이란 모름지기 모든 외부자들에 대항해 자신들의 이익을 움켜쥐려고 하는 내부자들의 조직화된 수단이기 때문이다.

이러한 점에서 독일에 특징적인 것은, 거대 조직이 외부자에 대한 책임 면에서 그들의 힘과 권위를 정당화시킬 어떠한 연대적 방향도 제시하지 않은 채 일정 정도 정당성을 갖는다는 것이다. 따라서 이 거대 조직이 가하는 질식 상태로부터 국가가 벗어날 필요가 있다. 자유로운 유동적 시장의 힘을 주장하고자 함이 아니다. 경제와 정치를 재구성함으로써 내부자와 외부자 사이의 분할을 공격하는 것이 목표이다. 그래서 그 구호도 일부의 특권이 아니라 모두를 위한 기회 및 역량 보장 자산이어야 한다.

독일 문화를 항상 특징지어 온 것은 낭만적인 주체성과 반역 그리고 희망 없는 세계로의 굴복, 이 양 극단 사이의 동요이다. 독일인의 문화적 삶은 이제 말 그대로 이 양극성의 반낭만적 측면에 지배되고 있다. 지도적 위치에 있는 많은 지식인들이 이러한 이동을 성숙의 신호로 환영하였다. 그러나 이는 포기의 표현이다. 나라 전체가 현실주의와 환멸감을 혼동하기에 이르렀다. 명리를 쫓는 처세로는 세상을 바꿀 수 없음을 잊어버리도록 배웠다.

독일인은 상처로 얼룩진 자국 역사에서, 속박 속에서 노래를 부르고 있어서는 안 된다. 가장 좋은 것은 속박받지 않은 채 노래하는 것이다. 물론 노래를 아예 부르지 않는 것보다는 속박 속에서도 노래를 부르는 것이 더 좋다. 결코 완전할 수 없는, 속박에서 벗어나는 일은 노래를 부르지 않고서는 일어날 수가 없다.

이 문제를 해결할 방법은 독일 문화의 낭만주의와 반낭만주의 교대 사이에서 낭만적 축으로 회귀하는 것이 아니다. 교대 그 자체를 공격하고 현실의 평범함 속에서 희망의 시를 다시 세우는 것이다.

낭만주의의 주된 결함은 모든 면에서 그렇지만, 특히 정치적 태도에서 구조와 반복에 절망하는 것이다. 낭만주의 견해에 따르면, 정신과 진정한 감정, 생명은 개성의 강박—자아의 견고한 형태—속에 구현되거나 제도의 규칙—사회의 견고한 형태—속에 구현된 반복에 항거하는 틈새에서만 존재할 수 있다.

낭만적 견해와 반낭만적 견해 그 어느 쪽과도 달리, 우리는 사회와 문화의 배열에 대한 우리의 관계를 변화시킬 수 있다. 우리는 우리가 갖고 있는 저항과 초월의 힘을 포기하지 않고 적극 참여하게 하는 사회적·문화적 세계를 창조할 수 있다. 이는 일대 기획이다. 그러나 이는 오래된 이야기다. 기독교적 언어로 말하면, 정신은 세계 위에 떠돌며 유리되어 있는 것이 아니라 세계에 구현된다. 추상적인 용어로 말하면, 공허해 보일 수 있는 이야기다. 그러나 특정한 역사적 설정에서는, 우리가 자각한 이해관계와 우리가 공언한 이념을 실현할 투쟁과 연결된 명확한 프로그램의 실체를 가질 수가 있다.

정치적 낭만주의가 지닌 위험과 환상을 극복할 유력한 대안은, 현대 독일의 정계 · 재계 · 학계 엘리트들이 믿게 하려는 방식으로 상상력의 빈곤 때문에 인내를 강요받는 조잡함에서 도피처를 구하는 일이 아니다. 대안은 세상을, 우리의 세상을 조금씩 변화시키는 것이다. 우리의 생각을 변화시키지 않고서는 세상을 변화시킬 수 없다.

부디 이 책이 커다란 지적 프로그램의 작은 일부라는 점을 이해해주길 바란다.[1] 이 지적 프로그램은 사상을 통한 운명과의 투쟁이고, 지난 2백 년간 전 세계를 뒤흔들고 각성시킨 개인적 · 사회적 해방의 기획에 새로운 의미와 생명을 불어넣으려는 노력이며, 이 해방의 기획이 미래를 가지려면 취할 수 있고 취해야 할 형태들을 상상하려는 싸움이다.

나는 여러 분야에서 이 지적 프로그램을 추구해 왔다. 이 프로그램은 사회이론에서 마르크스주의에 대한 급진적 대안을 구축하는 작업,[2] 법사상을 제도적 상상의 도구로 개조하는 작업,[3] 경제와 국가 조

---

1 (원주) 나의 대부분의 저작은 출간된 것과 미출간된 것 모두 다음 사이트에서 볼 수 있다: www.robertounger.net.

2 (원주) 다음을 보라. *Social Theory: Its Situation and Its Task*, Verso, 2004; *False Necessity: Anti necessitarian Social Theory in the Service of Radical Democracy*, Verso, 2001; *Plasticity into Power: Comparative Historical Studies on the Institutional Conditions of Economics and Military Success*, Verso, 2004.

3 (원주) 다음을 보라. *The Critical Legal Studies Movement*, Harvard University Press, 1986; *What Should Legal Analysis Become?*, Verso, 1986.

직을 위한 특정한 제도적 대안을 제시하는 작업,[4] 그리고 그 안에서 역사가 열리고, 새로운 경험이 가능하며, 사회의 교화보다 인류의 신성화가 더 중요한, 자연과 인간에 대한 철학적 사고를 발전시키는 작업[5]에 걸쳐 있다.

지금까지 기독교 신앙의 영향을 제외하고는, 이 지적 프로그램 사상에 독일 철학보다 더 큰 영향력을 미친 것은 없다. 지금의 독일에는 이 책이 쇠귀에 경 읽기일 수도 있다. 그러나 이 책을 통해 어느 외국인이 보편적 이상의 이름으로, 그리고 독일 사상의 도움으로 독일의 독자들에게 말하려 한다.

나는 전 세계에 걸쳐 상상의 모델에 기반하여 사회를 개조하기를 희망했던 68세대에 속한다. 나는 실망과 좌절로부터 배우려고 노력했지 절망하지는 않았다. 윌리엄 블레이크는 말했다. "만약 바보가 자신의 어리석음을 고치려 하지 않고 고집한다면, 그는 현명해지리라."

2007년 1월

2009년 8월 수정

---

4 (원주) 다음을 보라. Democracy Realized: The Progressive Alternative, Verso, 1998; *What Should the Left Propose?*, Verso, 2005.

5 (원주) 다음을 보라. *Passion: An Essay on Personality*, Free Press, 1984 or the German edition of this book, *Leidenschaft: Ein Essay über Persönlichkeit*, translated by Michael Bischoff, S. Fischer, 1984; *The Self Awakened: Pragmatism Unbound*, Harvard University Press, 2007.

옮긴이 후기

수년간 붙잡고 있었던 로베르토 웅거 책의 번역 작업을 이제야 끝내게 되었다. 정년퇴임 전에 꼭 마무리짓고 싶었는데 그러질 못했다. 늦었지만 이렇게 책을 출간할 수 있게 되어 매우 기쁘고 후련한 마음이다. 한국어판《진보의 대안—자본의 민주화와 역량증진 정치》의 원제는 '좌파의 대안The Left Alternative'인데, 한국의 독자 사정을 감안하여 '진보의 대안'으로 바꾸었음을 밝힌다.

웅거의 이 책 초판은 2005년에 '좌파는 무엇을 제안해야 하나What Should the Left Propose?'라는 제목으로 출간된 바 있다. 이번에 번역한 2009년 제2판은 제목을 '좌파의 대안'으로 변경하면서 서문('다른 시간을 위하여')이 새롭게 추가되었다. 책 말미의 독일어판 서문 또한 새로 추가된 것이다.《진보의 대안》번역 작업은 이병천과 정준호의 공역으로 진행되었다. 맨 처음에 이병천이 서장~6장, 정준호가 7장~끝까지를 분담해서 번역한 다음, 다시 번역된 원고를 바꾸어 교차점검 작업을 진행하였다. 그리고 최종적으로 이병천이 전체 원고의 교열 작업을 했다.

우리 시대 진보 쇄신의 최전선에 서 있다 할 웅거의 책을 번역하기란 쉬운 일이 아니었다. 웅거가 자신의 고유한 개념들을 많이 사용하고 있을뿐더러, 사회과학 책인데도 인문학적 표현이 워낙 많이 가미되어 있기 때문이다. 번역본이 읽을 만한 것이 되도록 나름 노력을 기울였고, 많지는 않지만 필요한 부분에 옮긴이주도 붙였다. 그리고 별도로 책머리에 옮긴이 해설을 첨부하였으니 독자들이 책을 읽는 데 도움이 될 것이라 생각한다.

극심한 불평등, 특히 자산 불평등의 시대에 부응하는 책들이 많이 나오고 있는 상황이다. 그러나 웅거처럼 자본 분배의 민주화와 생산체제의 분권적 혁신 그리고 민주주의의 재발명을 통합적으로 밀고 간 진보 쇄신의 대안은 쉽게 찾기 어렵다. 사실 잘 알려진 토마 피케티의 연구도 거의 분배 문제에 한정되어 있다. 하지만 분배 대안만으로는 통합적 진보 대안이 될 수 없다. 다른 한편, 경제민주화의 관점에서 웅거와 칼 폴라니의 보완 관계도 생각해 봄직하다. 이 참신한, 묵직한 주제를 놓고 연구가 시작되었다는 소식이 들리니 기대가 된다.

이미 김정오, 이재승 교수님의 헌신적 노력 덕분에《정치》,《민주주의를 넘어》,《주체의 각성》,《비판법학운동》등 웅거의 주요 저작을 국역본으로 볼 수 있다.《정치》를 제외하고는 모두 앨피출판사에서 출간되었다. 이번에 우리가 번역한《진보의 대안》도 앨피출판사의 부름을 받아 자기 둥지를 찾았으니 얼마나 고마운지 모른다. 옮긴이 서문에도 썼지만,《진보의 대안》은《민주주의를 넘어》와 같이 읽으면

효과가 배증될 것이다. 국역본《진보의 대안》이 세상의 빛을 볼 수 있
게 해 주신 앨피출판사의 호의에 머리 숙여 감사드린다.

2019년 11월

평등하고 공정한 나라를 꿈꾸며

이병천 씀

찾아보기

진보의 대안

2019년 11월 25일 초판 1쇄 발행

지은이 ㅣ 로베르토 웅거
옮긴이 ㅣ 이병천 · 정준호
펴낸이 ㅣ 노경인 · 김주영

펴낸곳 ㅣ 도서출판 앨피
출판등록 ㅣ 2004년 11월 23일 제2011-000087호.
주소 ㅣ 우)07275 서울시 영등포구 영등포로 5길 19(양평동 2가, 동아프라임밸리) 1202-1호
전화 ㅣ 02-336-2776 팩스 ㅣ 0505-115-0525
블로그 ㅣ bolg.naver.com/lpbook12
전자우편 ㅣ lpbook12@naver.com

ISBN 979-11-87430-79 -7